滙古菁華

（第六册）

UESTCP
电子科技大学出版社

第六册目録

滙古菁華 十七

辭

屈平九歌

吉日兮辰良穆將愉音逾兮上皇撫長劍兮玉珥音耳

璆求鏘鳴兮琳琅瑤席兮玉瑱鎮盍將把兮瓊芳

蕙肴蒸兮蘭藉謝奠桂酒兮椒漿揚枹桴一作兮拊

鼓疏緩節兮安歌陳竽瑟兮浩倡昌靈偃蹇兮姣

服芳菲菲兮滿堂五音紛兮繁會君欣欣兮樂康

右東皇太一太一神名祠在楚東以配東帝故云東皇

浴蘭湯兮沐芳華采衣兮若英（叶音央）靈連蜷（拳）兮
既留爛昭昭兮未央蹇將憺（淡）兮壽宮（叶古荒反）與日
月兮齊光龍駕兮帝服聊翺遊兮周章靈皇皇兮
既降（叶胡攻反）猋（標）遠舉兮雲中覽冀州兮有餘橫四
海兮焉（嫣）窮思夫（扶）君兮太息極勞心兮𢥞𢥞（忡）

右雲中君（謂雲神也）

君不行兮夷猶蹇誰留兮中洲美要眇（與妙同）兮宜
脩沛吾乘（如字）兮桂舟令（平）沅湘兮無波使江水兮
安流望夫（扶）君兮未來（叶力之反）吹參差（一作篸䔒）兮誰思

(叶沂齎反)駕飛龍兮北征邅(纏去聲)吾道兮洞庭薜荔拍(愽)兮蕙綢承蓀橈(饒)兮蘭旌望涔(岑)陽兮極浦橫大江兮揚靈揚靈兮未極女嬋媛兮爲(去)余太息橫流涕兮潺湲隱思君兮陫(費)側(叶札加反)桂櫂兮蘭枻(曳叶音泄)斲冰兮積雪采薜荔兮水中搴芙蓉兮木末心不同兮媒勞恩不甚兮輕絕石瀨兮淺淺(牋)飛龍兮翩翩交不忠兮怨長期不信兮告余以不閒(閑叶音賢)鼂(與朝同)騁騖兮江皋夕弭節兮北渚鳥次兮屋上水周兮堂下(叶音戶)捐(沿)余玦兮江中遺(如字)

余佩兮澧（礼）浦采芳洲兮杜若將以遺（去）兮下女

旹（古時字）不可兮再得聊逍遙兮容與

右湘君（堯長女娥皇舜正妃死於江湘間俗謂之湘君）

帝子降兮北渚目眇眇兮愁予（叶音與）・嫋嫋兮秋風

洞庭波兮木葉下（叶音戶）登白蘋（煩）兮騁望與佳期

兮夕張（帳）鳥何萃兮蘋中罾何為兮木上沅有芷

兮澧有蘭思公子兮未敢言荒忽（一作恍惚）兮遠望觀

流水兮潺湲麋何為兮庭中蛟何為兮水裔朝馳

余馬兮江皋夕濟兮西澨（逝）聞佳人兮召予將騰

駕兮偕逝築室兮水中葺之兮荷蓋[叶居乂反]蓀壁兮紫壇[善]匊[古播字本作卤]芳椒兮成堂桂棟兮蘭橑[老]辛夷楣兮葯[約]房罔[與網同]薜荔兮爲帷擗[音闢]蕙櫋[綿]兮既張白玉兮爲鎮疏石蘭兮爲芳芷葺兮荷屋繚[了]之兮杜衡合百草兮實庭建芳馨兮廡[武]門九嶷繽兮並迎[去]靈之來兮如雲捐[沿]余袂兮江中遺[如字]余褋[牒]兮澧浦搴汀洲兮杜若將以遺[去]兮遠者[叶音渚]時不可兮驟得聊逍遙兮容與

右湘夫人[堯次女女英舜次妃也]

秋蘭兮蘼（一從艸）蕪羅生兮堂下（叶音戶）綠葉兮素枝
芳菲菲兮襲予（叶音與）夫（扶）人兮自有美子蓀何以
兮愁苦秋蘭兮青青（菁）綠葉兮紫莖滿堂兮美人
忽獨與余兮目成入不言兮出不辭乘回風兮載
雲旗悲莫悲兮生別離樂莫樂兮新相知荷衣兮
蕙帶（叶音帝）儵（倏）而來兮忽而逝夕宿兮帝郊君誰
須兮雲之際與女遊兮九河衝飇起兮水揚波（此二
句當刪）與女（汝）沐兮咸池（叶音陀）晞女（汝）髮兮陽之阿
望媺（美）人兮未來臨風怳兮浩歌孔蓋兮翠旍登

九天兮撫彗遂星慫竦長劍兮擁幼艾蓀獨宜兮爲民正叶音征

右少司命此爲文昌第四星

暾吞將出兮東方照吾檻兮扶桑撫余馬兮安驅夜晈晈與皎同兮既明叶音芒駕龍輈舟兮乘雷叶音纍載雲旗兮委蛇長太息兮將上上心低佪兮顧懷叶胡威反羌聲色兮娛人觀者憺淡兮忘歸縆亘平聲瑟兮交鼓簫鐘兮瑤簴詎鳴鷈池兮吹竽思靈保兮賢姱叶音戶翾許緣反飛兮翠曾增與翾同展詩兮會舞應

律兮合節叶音即　靈之來兮蔽日青雲衣兮白霓裳

舉長矢兮射石　天狼操平　余弧兮反淪降叶胡剛反　援

北斗兮酌桂漿撰余轡兮高駝池　翔杳冥冥兮以

東行叶音杭

右東君此日神也禮曰天子朝日於東門之外漢志亦有東君

若有人兮山之阿被薜荔兮帶女羅一從艸　既含睇

弟兮又宜笑子慕予兮善叶古善字　窈窕乘赤豹兮從

去文狸辛夷車兮結桂旗被石蘭兮帶杜衡一從艸

折芳馨兮遺去　所思余處幽篁兮終不見天路險

難兮獨後來（叶音釐）表獨立兮山之上雲容容兮而在下（叶音戶）杳冥冥兮羌晝晦東風飄兮神靈雨留靈脩兮憺忘歸歲既晏兮孰華予（叶音與）采三秀兮於山間石磊磊（壘）兮葛蔓蔓怨公子兮悵忘歸君思我兮不得間（閑）山中人兮芳杜若飲石泉兮蔭松柏（叶音慱）君思我兮然疑作靁（雷）塡塡兮雨冥冥猨啾啾兮又（音又一作狖）夜鳴風颯颯兮木蕭蕭（叶音搜）思公子兮徒離憂

右山鬼（木石之怪）

屈平九章

余幼好此奇服兮年既老而不衰帶長鋏音頰之陸離兮冠切雲之崔嵬被明月兮珮寶璐世溷音混濁而莫余知兮吾方高馳而不顧駕青虬音求兮驂白螭音痴吾與重華遊兮瑤之圃登崑崙兮食玉英吾與天地兮比壽與日月兮齊光哀南夷之莫吾知兮旦余將濟乎江湘乘鄂渚而反顧兮欸音哀秋冬之緒風步余馬兮山皋邸余車兮方林椉椉字舲舡余上沅兮齊吳榜而擊汰音太船容與而不進兮淹

回水而疑滯朝發枉渚兮夕宿辰陽苟余心之端
直兮雖僻遠其何傷入溆浦余儃(音占)佪兮迷不知
吾所如深林杳以冥冥兮乃猨(音爰)狖(音右)之所居山
峻高以蔽日兮下幽晦以多雨霰雪紛其無垠(音銀)
兮雲霏霏其承宇哀吾生之無樂兮幽獨處乎山
中吾不能變心以從俗兮固將愁苦而終窮接輿
髡(音坤)首兮桑扈臝行忠不必用兮賢不必以伍子
逢殃兮比干葅醢與前世而皆然兮吾又何怨乎
今之人余將董道而不豫兮固將重昏而終身亂

曰鸞鳥鳳皇日以遠兮燕雀烏鵲巢堂壇音善兮露

申辛夷苑林薄兮腥臊並御芳不得薄兮陰陽易

位時不當兮懷信侘音姹傺音祭忽乎吾將行兮

右涉江

屈平卜居

屈原既放三年不得復見竭智盡忠而蔽鄣於讒心煩意亂不知所從乃往見太卜鄭詹尹曰余有所疑願因先生决之詹尹乃端策拂龜曰君將何以教之屈原曰吾寧悃悃款款朴以忠乎將送往勞來斯無窮乎寧誅鉏草茅以力畊乎將遊大人以成名乎寧正言不諱以危身乎將從俗富貴以媮音俞生乎寧超然高舉以保貞乎將哫音足訾音貲慄音栗斯喔音握咿音伊嚅音儒唲音兒以事婦人乎寧廉潔正

直以自清乎將突梯滑稽如脂如韋以絜楹乎寧
昂昂若千里之駒乎將泛泛若水中之鳧乎與波
上下偷以全吾軀乎寧與騏驥亢軛乎將隨駑馬
之迹乎寧與黃鵠比翼乎將與雞鶩爭食乎此孰
吉孰凶何去何從世溷濁而不清蟬翼爲重千鈞
爲輕黃鐘毀棄瓦釜雷鳴讒人高張賢士無名吁
嗟嘿嘿兮誰知吾之廉貞詹尹乃釋策而謝曰夫
尺有所短寸有所長物有所不足智有所不明數
有所不逮神有所不通用君之心行君之意龜策

誠不能知此事

屈平漁父

屈原既放遊於江潭行吟澤畔顏色憔悴形容枯槁漁父見而問之曰子非三閭大夫與何故至於斯屈原曰舉世皆濁我獨清衆人皆醉我獨醒是以見放漁父曰聖人不凝滯於物而能與世推移世人皆濁何不淈（音汩）其泥而揚其波衆人皆醉何不餔（音脯）其糟而歠其醨何故深思高舉自令放爲屈原曰吾聞之新沐者必彈冠新浴者必振衣安能以身之察察受物之汶汶者乎寧赴湘流葬於

江魚之腹中安能以皓皓之白而蒙世俗之塵埃乎漁父莞爾而笑鼓枻而去乃歌曰滄浪之水清兮可以濯我纓滄浪之水濁兮可以濯我足遂去不復與言

屈平遠遊

悲時俗之迫阨兮願輕舉而遠遊質菲薄而無因兮焉託乘而上浮遭沈濁而汙穢兮獨鬱結其誰語夜耿耿而不寐兮魂營營而至曙惟天地之無窮兮哀人生之長勤往者余弗及兮來者吾不聞步徙倚而遙思兮怊音超惝音敞怳音況而永懷意荒忽而流蕩兮心愁悽而增悲神儵音卒忽而不反兮形枯槁而獨留內惟省以端操兮求正氣之所由漠虛靜以恬愉兮澹無爲而自得聞赤松之清塵兮

願承風乎遺則貴眞人之休德兮美往日之登仙
與化去而不見兮名聲著而日延奇傅說之託辰
星兮羡韓衆之得一形穆穆以浸遠兮離人羣而
遁逸因氣變而遂曾舉兮忽神奔而鬼怪時髣髴
以遙見兮精皎皎以往來超氛埃而淑尤兮終不
反其故都免衆患而不懼兮世莫知其所如恐天
時之代序兮耀靈曅（音燁）而西征微霜降而下淪兮
悼芳草之先零聊仿佯而逍遙兮永歷年而無成
誰可與玩斯遺芳兮長鄉風而舒情高陽邈以遠

兮余將焉所程重曰春秋忽其不淹兮奚久留此故居軒轅不可攀援兮吾將從王喬而娛戲飡六氣而飲沆（音亢）瀣（音亥）兮漱正陽而含朝霞保神明之清澄兮精氣入而麤穢除順凱風以從遊兮至南巢而壹息見王子而宿之兮審壹氣之和德曰道可受兮而不可傳其小無內兮其大無垠毋滑而魂兮彼將自然壹氣孔神兮於中夜存虛以待之兮無爲之先庶類以成兮此德之門聞至貴而遂徂兮忽乎吾將行仍羽人於丹丘兮留不死之舊

鄉朝濯髮於暘谷兮夕晞余身兮九陽吸飛泉之微液兮懷琬琰之華英玉色頩音聘以脫顏兮精醇粹而始壯質銷鑠以汋約兮神要眇以淫放嘉南州之炎德兮麗桂樹之冬榮山蕭條而無獸兮野宗漠其無人載營魄而登霞兮掩浮雲而上征命天閽其開關兮排閶闔而望予召豐隆使先導兮問大微之所居集重陽入帝宮兮造旬始而觀清都朝發軔於太儀兮夕始臨乎微於閭屯余車之萬乘兮紛溶與而並馳駕八龍之婉婉兮載雲旗

之逶迤建雄虹之采旄兮五色雜而炫燿服偃蹇以低昂兮驂連蜷音拳以驕驁騎膠葛以雜亂兮斑漫衍而方行撰余轡而正策兮吾將過乎句芒歷太皓以右轉兮前飛廉以啓路陽杲杲其未光兮凌天地之徑度風伯爲余先驅兮氛埃辟而清凉鳳凰翼其承旂兮遇蓐收音辱乎西皇擥音覽彗星吕爲旍兮舉斗柄以爲麾判陸離其上下兮遊驚霧之流波時晻音掩曀音意其曭音倘莽兮召玄武而奔屬後文昌使掌行兮選署衆神以並轂路曼曼其脩

遠兮徐弭節而高厲左雨師使徑侍兮右雷公而
爲衛欲度世以忘歸兮意恣睢以担音膽撟內欣欣
而自美兮聊媮娛以淫樂涉青雲以汎濫遊兮忽
臨睨夫舊鄉僕夫懷余心悲兮邊馬顧而不行思
舊故以想像兮長太息而掩涕汜容與而遐舉兮
聊抑志而自弭指炎帝而直馳兮吾將往乎南疑
覽方外之荒忽兮沛罔象而自浮祝融戒而蹕御
兮騰告鸞鳥迎虙音伏妃張咸池奏承雲兮二女御
九韶歌使湘靈鼓瑟兮令海若舞馮夷玄螭蟲象

並出進兮形蟉音流虯音求而逶音委蛇音移雌蜺音倪便平聲
娟巳增撓兮鸞鳥軒翥而翔飛音樂博衍無終極
兮焉乃逝以徘徊舒并節以馳騖兮逴音綽絕垠音銀
乎寒門軼迅風於清源兮從顓頊乎增冰歷玄冥
以邪徑兮乘間維以反顧召黔嬴而見之兮爲余
先乎平路經營四荒兮周流六漠上至列缺兮降
望大壑下崢嶸而無地兮上寥廓而無天視儵音率
忽而無見兮聽惝音敞怳音況而無聞超無爲以至清
兮與泰初而爲鄰

宋玉九辯

悲哉秋之爲氣也蕭瑟兮草木搖落而變衰憭（音了）慄兮若在遠行登山臨水兮送將歸泬（音穴）寥兮天高而氣清寂漻（音聊）兮收潦（音老）而水清憯（音慘）悽增欷（音希）兮薄寒之中人愴怳懭悢（音朗）兮去故而就新坎壈（音廩）兮貧士失職而志不平廓落兮羇旅而無友生惆悵兮而私自憐燕翩翩其辭歸兮蟬宗漠而無聲鴈廱廱而南遊兮鵾雞啁（音嘲）哳（音[illegible]）而悲鳴獨申旦而不寐兮哀蟋蟀之宵征時亹亹而過中兮

蹇淹留而無成

右一

皇天平分四時兮竊獨悲此凜秋白露既下降白草兮奄離披此梧楸去白日之昭昭兮襲長夜之悠悠離芳藹之方壯兮余委約而悲愁秋既先戒以白露兮冬又申之以嚴霜收恢台之孟夏兮然坎傺音祭而沈藏葉菸音於邑而無色兮枝煩拏音拏而交橫顏淫溢而將罷兮柯彷彿而萎黃萷音朔櫹音蕭槮音森之可哀兮形銷鑠而瘀傷惟其紛糅而將落

兮悵其失時而無當擥音覽騑轡而下節兮聊逍遙
以相佯歲忽忽而遒盡兮恐余壽之弗將悼余生
之不時兮逢此世之俇音匡攘澹容與而獨倚兮蟋
蟀鳴此西堂心怵惕而震盪兮何所憂之多方仰
明月而太息兮步列星而極明

右三

竊悲夫蕙華之曾敷兮旖音倚旎音膩乎都房何曾華
之無實兮從風雨而飛颺以爲君獨服此蕙兮嗟
無以異於衆芳閔奇思之不通兮將去君而高翔

心閔憐之慘悽兮願一見而有明重無怨而生離兮中結軫而增傷豈不鬱陶而思君兮君之門以九重猛犬狺狺[音銀]而迎吠兮關梁閉而不通皇天淫溢而秋霖兮后土何時而得乾塊獨守此無澤兮仰浮雲而永歎何時俗之工巧兮背繩墨而改錯却騏驥而不乘兮策駑駘而取路當世豈無騏驥兮誠莫之能善御見執轡者非其人兮故駒跳[音條]而遠去鳧鴈皆唼[音雜]夫梁藻兮鳳愈飄翔而高舉圜[音員]鑿而方枘[音汭]兮吾固知其鉏鋙而難入衆

鳥皆有所登棲兮鳳獨遑遑而無所集願銜枚而無言兮嘗被君之渥洽太公九十乃顯榮兮誠未遇其匹合謂騏驥兮安歸謂鳳凰兮安棲變古易俗兮世衰今之相者兮舉肥騏驥伏匿而不見兮鳳凰高飛而不下鳥獸猶知懷德兮何云賢士之不處驥不驟進而求服兮鳳亦不貪餧（音餒）而妄食居弃遠而不察兮雖願忠其焉得欲寂漠而絕端兮竊不敢忘初之厚德獨悲愁其傷人兮馮（音憑）鬱鬱其何極

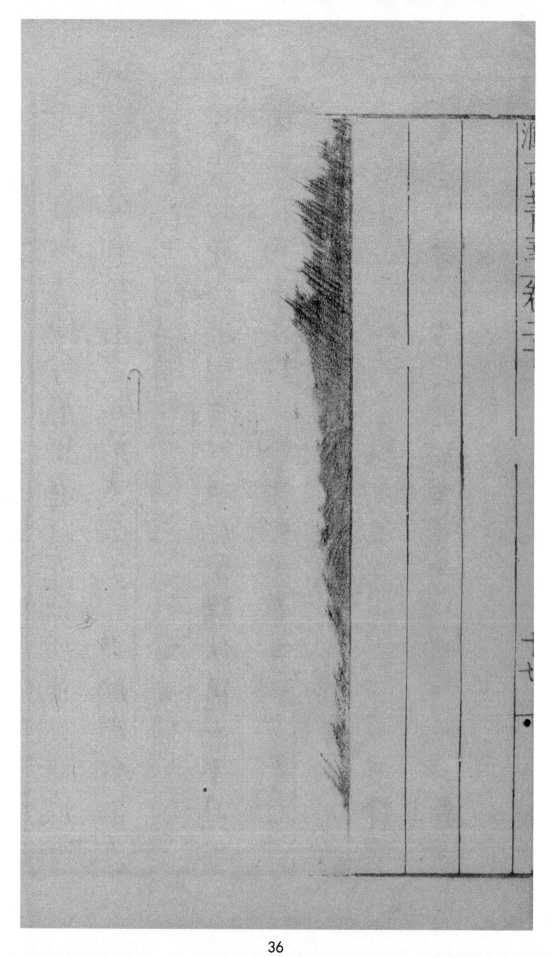

劉安招隱士

桂樹叢生兮山之幽偃蹇連卷（音權）兮枝相繚（音遼）山氣巄（音龍）嵸（音從）兮石嵯峨谿谷嶄（音讒）巖兮水增波猨（音爰）狖（音右）羣嘯兮虎豹嗥（音豪）攀援桂枝兮聊淹留王孫遊兮不歸春草生兮萋萋歲暮兮不自聊蟪（音惠）蛄（音姑）鳴兮啾啾（音揪）坱（音央）兮軋（音押）山曲岪（音弗）心淹留兮洞荒忽罔兮沕憭（音聊）兮慄虎豹穴叢薄深林兮人上慄嶔（音欽）崟（音吟）碕（音綺）礒（音蟻）兮硱（音悃）磳（音曾）磈（音偎）硊（音委）樹輪相糾兮林木茷（音跋）骫（音委）青莎雜樹兮薠（音煩）

草靃音髓靡白鹿麕音君麚音加兮或騰或倚狀貌崟崟音吟兮峨峨淒淒兮漇漇音史漇音從獼猴兮熊羆慕類兮以悲攀援桂枝兮聊淹留虎豹鬬兮熊羆咆音庖禽獸駭兮亡其曹王孫兮歸來山中兮不可以久留

漢武帝秋風辭 并序

上行幸河東祠后土顧視帝京欣然中流與羣臣飲燕上歡甚乃自作秋風辭曰

秋風起兮白雲飛草木黃落兮鴈南歸蘭有秀兮菊有芳攜佳人兮不能忘泛樓船兮濟汾河橫中流兮揚素波簫鼓鳴兮發棹歌歡樂極兮哀情多少壯幾時兮奈老何

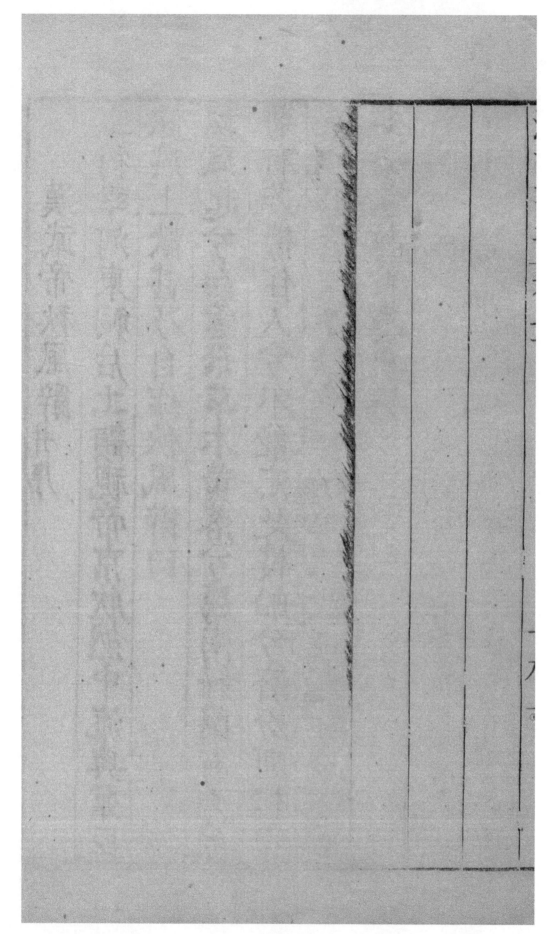

陶潛歸去來辭

歸去來兮田園將蕪胡不歸既自以心爲形役奚惆悵而獨悲悟已往之不諫知來者之可追實迷途其未遠覺今是而昨非舟搖搖以輕颺風飄飄而吹衣問征夫以前路恨晨光之熹微乃瞻衡宇載欣載奔僮僕歡迎稚子候門三逕就荒松菊猶存攜幼入室有酒盈樽引壺觴以自酌眄庭柯以怡顏倚南牕以寄傲審容膝之易安園日涉以成趣門雖設而常關策扶老以流憩時矯首而遐觀

雲無心以出岫鳥倦飛而知還景翳翳以將入撫
孤松而盤桓歸去來兮請息交以絶游世與我而
相違復駕言兮焉求悅親戚之情話樂琴書以消
憂農人告予以春及將有事乎西疇或命巾車或
棹孤舟既窈窕以尋壑亦崎嶇而經丘木欣欣以
向榮泉涓涓而始流善萬物之得時感吾生之行
休已矣乎寓形宇內復幾時曷不委心任去留胡
爲乎遑遑欲何之富貴非吾願帝鄉不可期懷良
辰以孤往或植杖而耘耔登東皋以舒嘯臨清流

而賦詩聊乘化以歸盡樂夫天命復奚疑

滙古菁華卷二十終

滙古菁華卷二十一

賦

司馬相如子虛賦

楚使子虛使於齊齊王悉發車騎與使者出畋畋罷子虛過詫烏有先生亡是公存焉坐定烏有先生問曰今日畋樂乎子虛曰樂獲多乎曰少然則何樂對曰僕樂齊王之欲誇僕以車騎之衆而僕對以雲夢之事也曰可得聞乎子虛曰可王駕車千乘選徒萬騎畋於海濱列卒滿澤罘網彌山掩

兎轔音璘鹿射麇脚麟鶩於盐浦割鮮染輪射中獲多矜而自功顧謂僕曰楚亦有平原廣澤遊獵之地饒樂若此者乎楚王之獵孰與寡人乎僕下車對曰臣楚國之鄙人也幸得宿衛十有餘年時從出遊遊於後園覽於有無然猶未能徧覩也又焉足以言其外澤乎齊王曰雖然畧以子之所聞見而言之僕對曰唯唯臣聞楚有七澤嘗見其一未覩其餘也臣之所見蓋特其小小者耳名曰雲夢雲夢者方九百里其中有山焉其山則盤紆茀音拂

鬱隆崇嵂音祿崒音卒岑崟音吟參差日月蔽虧交錯糾

音求紛上干青雲罷音疲池陂音婆阤音駝下屬江河其土

則丹青赭音者堊音惡雌黃白坿音夫錫碧金銀衆色炫

燿照爛龍鱗其石則赤玉玫瑰琳瑉音民昆吾瑊音堅

玏音勒玄厲碝音輭石碔砆其東則有蕙圃蘅蘭芷若

射音夜干芎藭菖蒲茳音江蘺蘪蕪諸柘巴苴其南則

有平原廣澤登降阤音移靡案衍壇音善曼音漫緣以大

江限以巫山其高燥則生葴音箴菥音析苞荔薛莎青

薠音煩其埤濕則生藏莨音郎蒹葭東蘠音牆彫胡蓮藕

菰蘆菴(音淹)閭(音閭)軒于衆物居之不可勝圖其西則

有湧泉清池激水推移外發芙蓉菱華內隱鉅石

白沙其中則有神龜蛟鼉瑇瑁鼈黿其北則有陰

林巨樹楩柟(音南)豫章桂椒木蘭檗(音卜)離朱楊樝(音查)

梨梬(音郢)栗橘柚芬芳其上則有鵷雛孔鸞騰遠射

干其下則有白虎玄豹蟃(音萬)蜒(音延)貙(音樞)犴(音岸)於是

乎乃使專諸之倫手格此獸楚王乃駕馴駮之駟

乘彫玉之輿靡魚鬚之橈(音猱)旃(音占)曳明月之珠旗

建干將之雄戟左烏號之彫弓右夏服之勁箭陽

子騄乘孅音仙阿爲御案節未舒卽陵狡獸蹵音促蛩
蛩轔音璘距虛軼音亦野馬轊音惠騊音陶駼音途乘遺風射
游騏倏眒音甚倩音茜浰音利雷動猋音標至星流霆擊弓
不虛發中必決眦音眥洞胸達掖絕乎心繫獲若雨
獸揜草蔽地於是楚王乃弭音耳節徘徊翱翔容與
覽乎陰林觀壯士之暴怒與猛獸之恐懼徼音竅𠖥
音劇受詘殫覩衆物之變態於是鄭女曼姬被阿緆
音錫揄紵縞雜纖羅垂霧縠襞音辟積音積褰縐紆徐委
曲鬱橈谿谷衯衯音紛裶裶音飛揚袘音陁戌削蜚纖音杉

垂髾(音梢)扶輿猗靡翕呷(音瞎)萃蔡下靡蘭蕙上拂羽
蓋錯翡翠之葳(音威)蕤(音芮)繆(音了)繞玉綏眇眇(音妙)忽忽
若神仙之髣髴於是乃相與獠(音廖)於蕙圃媻(音盤)姍
(音山)勃窣(音翠)而上乎金隄揜翡翠射鵔(音俊)鸃(音義)微矰
出纖繳施弋白鵠連駕(音哥)鵝雙鶬下玄鶴加怠而
後發游於清池浮文鷁揚旌栧(音揖)張翠帷建羽蓋
網瑇瑁鈎紫貝樅(音踪)金鼓吹鳴籟榜人歌聲流喝
(音曷)水蟲駭波鴻沸湧泉起奔物會礧(音壘)石相擊硠
硠(音很)礚礚(音慨)若雷霆之聲聞乎數百里之外將息

獠（音廖）者擊靈鼓起烽燧車案行騎就隊纚（音史）乎淫淫般（音盤）乎裔裔於是楚王乃登雲陽之臺泊乎無爲澹乎自持勺藥之和具而後御之不若大王終日馳騁曾不下輿脟（音劣）割輪焠（音翠）自以爲娛臣竊觀之齊殆不如於是齊王無以應僕也烏有先生曰是何言之過也足下不遠千里來貺齊國王悉發境內之士備車騎之衆與使者出畋乃欲戮力致獲以娛左右何名爲夸哉問楚地之有無者願聞大國之風烈先生之餘論也今足下不稱楚王

之德厚而盛推雲夢以爲高奢言滛樂而顯侈靡竊爲足下不取也必若所言固非楚國之美也有而言之是彰君之惡無而言之是害足下之信彰君之惡而傷私義二者無一可而先生行之必且輕於齊而累於楚矣且齊東渚鉅海南有琅琊觀乎成山射乎之罘浮渤(音勃)澥(音懈)游孟諸邪與肅慎爲鄰右以暘谷爲界秋田於青丘徬徨乎海外吞若雲夢者八九於其胸中曾不蔕(音帶)芥若乃俶(音倜)儻瑰琦(音奇)異方殊類珍怪鳥獸萬端鱗萃充牣其

中不可勝記禹不能名卨(音契)不能計然在諸侯之位不敢言遊戲之樂苑囿之大先生又見客是以王辭不復何爲無以應哉

司馬相如上林賦

亡是公听（音引）然而笑曰楚則失矣而齊亦未爲得也夫使諸侯納貢者非爲財幣所以述職也封疆畫界者非爲守禦所以禁淫也今齊列爲東藩而外私肅愼捐國踰限越海而田其於義固未可也且夫二君之論不務明君臣之義正諸侯之禮徒事爭游戲之樂苑囿之大欲以奢侈相勝荒淫相越此不可以揚名發譽而適足以貶君自損也且夫齊楚之事又焉足道乎君未覩夫巨麗也獨不

聞天子之上林乎左蒼梧右西極丹水更平聲其南

紫淵徑其北終始灞音霸滻音産出入涇渭酆鎬潦潏

音玦紆餘逶迤經營乎其內蕩蕩乎八川分流相背

而異態東西南北馳騖往來出乎椒丘之闕行乎

洲淤之浦經乎桂林之中過乎泱音央漭音莽之壄音野

汩音骨乎混流順阿而下赴隘陿音峽之口觸穹石激

堆埼音其沸音佛乎暴怒洶涌澎音朋湃音派滭音必沸滵音密

汩偪音逼側泌音必瀄音節横流逆折轉騰潎音瞥洌音列滂

濞音譬沆漑音言穹隆雲撓宛潬音善膠盭音戾踰波趨浥

音捍涖涖音利下瀨批巖衝擁奔揚滯沛音派臨坻音池注

壑瀺音讒灂音卓霣音隕墜沈沈隱隱砰音烹磅音烹訇音甍磕

音慨潏潏音決淈淈音骨湁音尺潗音濈鼎沸馳波跳沫汩㴔

音吸漂疾悠遠長懷寂漻音聊無聲肆乎永歸然後灝

音浩溔音咬潢音晃漾音養安翔徐回翯音學乎滈滈音浩東注

太湖衍溢陂池於是乎蛟龍赤螭䱭音亘䲛音慒漸離

鰅音顒鰫音容鰬音乾魠音托禺禺音顒魼音偈鰨音塔揵音儉鰭音其

掉音釣尾振鱗奮翼潛處乎深巖魚鼈讙聲萬物衆

夥明月珠子的皪音歷江靡蜀石黃碝音輭水玉磊砢

（音珂）磷磷（音吝）爛爛采色澔（音浩）汗叢積乎其中鴻鷫（音肅）
鵠鴇（音保）鴐（音加）鵞鸀玉交精旋目煩鶩（音木）庸渠箴疵
鵁（音交）盧羣浮乎其上沈淫泛濫隨風澹淡與波搖
蕩奄薄水渚唼（音妾）喋（音霅）菁藻咀嚼菱藕於是乎崇
山矗矗（音促）巃（音龍）嵸（音捴）崔巍深林巨木嶄（音讒）巖嵾（音參）
嵳（音嵯）九嵕（音宗）巀（音截）嶭（音齧）南山峩峩巖陁（音池）甗（音言）錡
（音倚）嶊（音罪）崣（音委）崛（音掘）崎（音錡）振溪通谷蹇產溝瀆谽（音含）
呀豁閜（音呀）阜陵別隝（音島）崴（音歪）磈（音嵬）嵔（音委）廆（音會）丘虛
堀（音窟）礧（音磊）隱轔（音林）鬱𡾟（音壘）登降施靡陂池貏（音被）豸

沇（音演）溶滛鬻散渙夷陸亭皐千里靡不被築揜以
綠蕙被以江離糅以蘼蕪雜以留夷布結縷攢（音鑽）
戾莎揭車衡蘭槀本射干茈（音紫）薑蘘荷葴（音針）橙若
蓀鮮支黃礫（音歷）蔣芧青薠布濩閎澤延蔓大原離
靡廣衍應風披靡吐芳揚烈郁郁菲菲衆香發越
肸（音吸）蠁（音嚮）布寫晻（音奄）薆（音愛）咇（音必）茀（音勃）於是乎周覽
泛之觀縝紛軋芴（音勿）芒芒恍惚視之無端察之無涯
日出東沼入乎西陂其南則隆冬生長涌水躍波
其獸則㺎（音容）旄貘（音陌）犛（音黎）沈牛麈（音主）麋赤首圜題

窮奇象犀其比則盛夏含凍裂地涉冰揭河其獸則麒麟角端騊音陶駼音途橐駝蛩蛩驒音顛騱音兮駃音決騠音啼驢騾於是乎離宮別館彌山跨谷高廊四注重坐曲閣華榱璧璫輦道纚音史屬步櫚周流長途中宿夷㚇音宗築堂累臺增成巖窔音要洞房俯杳眇而無見仰攀橑音老而捫天奔星更於閨闥宛虹拖音唾於楯音盾軒青龍蚴音呦蟉音求於東廂象輿婉僤音善於西清靈圄燕於閒館偓佺之倫暴於南榮醴泉涌於清室通川過於中庭盤石振崖嶔音欽巖倚傾

嵯峨嶕音提嶫音業刻削崢嶸玫瑰碧琳珊瑚叢生瑤

音旻玉旁唐玢音分豳文鱗赤瑕駁犖音角雜插其間晁

采琬琰和氏出焉於是乎盧橘夏熟黃甘橙楱音奏

枇杷橪音煙柿楟音亭奈厚朴梬音郢棗楊梅櫻桃蒲萄

隱夫薁音郁棣荅遝音沓離支羅乎後宮列于北園馳

音侍丘陵下平原楊翠葉杌音兀紫莖發紅華垂朱榮

煌煌扈扈照曜鉅野沙棠櫟音歷櫧音諸華楓枰音平櫨

音盧留落胥邪仁頻栟櫚欃音讒檀木蘭豫章女貞長

千仞大連抱夸條直暢實葉葰音峻楙音茂攢立叢倚

連卷欐音禮佹音詭崔錯癹音發骫音委坑衡閜音蝦砢音裸垂
條扶踈落英幡纚音史紛溶萷音蕭蔘音森猗柅音你從風
瀏音流莅卉歙音吸蓋象金石之聲管籥之音偨音差池
茈音此虒音豸旋還乎後宮雜襲累輯被山緣谷循坂
下隰視之無端究之無窮於是乎玄猿素雌蜼音遺
玃音钁飛蠝音耒蛭音姪蜩蠼音钁猱獑音讒胡豰音忽蛫音詭棲
息乎其間長嘯哀鳴翩幡互經夭蟜音矯枝格偃蹇
杪顛踰絕梁騰殊榛捷垂條掉希閒牢落陸離爛
熳遠遷若此者數百千處娛游往來宮宿館舍庖

廚不徙後官不移百官備具於是乎背秋涉冬天子校獵乘鏤象六玉虯拖蜺旌靡雲旗前皮軒後道游孫叔奉轡衛公參乘扈從(去聲)横行出乎四校之中鼓嚴簿縱獠(音廖)者江河爲阹(音墟)泰山爲櫓車騎靁(音雷)起殷(音隱)天動地先後陸離離散別追滛滛裔裔緣陵流澤雲布雨施生貔(音毗)豹搏豺狼手熊羆(音悲)足壄(音野)羊蒙鶡(音曷)蘇絝(音袴)白虎被班文跨野馬凌三嵕(音宗)之危下磧(音責)歷之坻(音遲)徑峻赴險越壑厲水椎飛廉弄獬豸格蝦蛤(音閤)鋋(音延)猛氏羂(音犬)

騕(音咬)褭(音裊)射封豕箭不苟害鮮脰(音豆)陷腦兮不虛發應聲而倒於是乎乘輿弭節徘徊翱翔往來睨部曲之進退覽將帥之變態然後侵淫促節儵(音倏)夐遠去流離輕禽蹵履狡獸轊(音衛)白鹿捷狡兎軼赤電遺光耀追怪物出宇宙彎蕃弱滿白羽射游梟櫟飛遽擇肉而後發先中而命處弦矢分藝殪(音翳)仆(音赴)然後揚節而上浮凌驚風歷駭猋(音標)乘虛無與神俱躪(音吝)玄鶴亂昆雞遒孔鸞促鵔(音峻)鸃(音宜)拂翳鳥捎(音梢)鳳凰捷鵷鶵揜焦朋道盡塗殫迴車

而還招搖乎襐[音襄]佯降集乎北紘率乎直指晻[音奄]乎反鄉㕓石關歷封巒過鳷鵲望露寒下棠梨息宜春西馳宣曲濯鷁牛首登龍臺掩細柳觀士大夫之勤畧鈞獵者之所得獲徒車之所轥[音吝]轢[音歷]步騎之所蹂若人臣之所蹈籍與其窮極倦谻[音劇]驚憚讋[音折]伏不被創刃怖而死者他他[音拖]籍籍塡阬滿谷掩平彌澤於是乎游戲懈怠置酒乎顥[音浩]天之臺張樂乎膠葛之寓撞千石之鐘立萬石之虡建翠華之旗樹靈鼉之鼓奏陶唐氏之舞聽葛

天氏之歌千人倡萬人和山陵爲之震動川谷爲之蕩波巴渝宋蔡淮南干遮文成顛歌族居遞奏金鼓迭起鏗鎗閶音唐鞈音榻洞心駭耳荆吳鄭衛之聲韶濩武象之樂陰滛案衍之音鄗郢繽紛激楚結風俳優侏儒狄鞮之倡所以娱耳目樂心意者麗靡爛熳於前靡曼美色於後若夫青琴宓音伏妃之徒絶殊離俗妖冶嫺都靚音淨糚刻飾便嬛音翾綽約柔橈嫚嫚音曼嫵音武媚纖弱曳獨繭之褕音俞袘音曳眇閻易以卹削便姍音先嫳音擎屑與俗殊服芬芳漚

欝酷烈淑郁皓齒粲爛宜笑的皪（音歷）長眉連娟微睇綿藐（音邈）色授蒐與心愉於側於是酒中樂酣天子芒然而思似若有亡曰嗟乎此太奢侈朕以覽聽餘閒無事棄日順天道以殺伐時休息於此恐後葉靡麗遂往而不返非所以爲繼嗣創業垂統也於是乎乃解酒罷獵而命有司曰地可墾闢悉爲農郊以贍甿隸頹墻填塹（音茜）使山澤之人得至焉實陂池而勿禁虛宮館而勿仞發倉廩以救貧窮補不足恤鰥寡存孤獨出德號省刑罰改制度

易服色華正朔與天地爲更始於是歷吉日以齋戒襲朝服乘法駕建華旗鳴玉鑾游乎六藝之囿馳騖乎仁義之塗覽觀春秋之林射貍首兼騶虞弋玄鶴舞干戚載雲罕掩羣雅悲伐檀樂去聲樂胥從容乎禮園翱翔乎書圃述易道放怪獸登明堂坐清廟恣羣臣奏得失四海之內靡不受獲於是之時天下大說向風而聽隨流而化芔音卉然興道而遷義刑錯而不用德隆於三皇而功羨於五帝若此故獵乃可喜也若夫終日馳騁勞神苦形罷

車馬之用抗士卒之精費府庫之財而無德厚之恩務在獨樂不顧衆庶忘國家之政貪雉兔之獲則仁者不繇也從此觀之齊楚之事豈不哀哉地方不過千里而囿居九百是草木不得墾闢而民無所食也夫以諸侯之細而樂萬乘之侈僕恐百姓被其尤也於是二子愀然改容超若自失逡巡避席曰鄙人固陋不知忌諱乃今日見教謹受命矣

班固西都賦

有西都賓問於東都主人曰蓋聞皇漢之初經營也嘗有意乎都河洛矣輟而弗康寔用西遷作我上都主人聞其故而覩其制乎主人曰未也願賓攄懷舊之蓄念發思古之幽情博我以皇道弘我以漢京賓曰唯唯漢之西都在於雍州寔曰長安左據函谷二崤（音肴）之阻表以太華終南之山右界褒斜隴首之險帶以洪河涇渭之川衆流之隈汧（音牽）涌其西華實之毛則九州之上腴焉防禦之阻

則天地之隩音粤區焉是故橫被六合三成帝畿周以龍興秦以虎視及至大漢受命而都之也仰悟東井之精俯協河圖之靈奉春建策留侯演成天人合應以發皇明乃眷西顧寔惟作京於是睎音希秦嶺睋音娥北阜挾澧灞據龍首圖皇基於億載度宏規而大起肇自高而終平世增飾以崇麗歷十二之延祚故窮泰而極侈建金城之萬雉呀周池而成淵披三條之廣路立十二之通門內則街衢洞達閭閻且千九市開場貨別隧音遂分人不得顧

車不得旋闐〔音田〕城溢郭旁流百廛紅塵四合煙雲相連於是旣庶且富娛樂無疆都人士女殊異乎五方遊士擬於公侯列肆侈於姬姜鄉曲豪舉遊俠之雄節慕原嘗名亞春陵連交合衆騁騖乎其中若乃觀其四郊浮遊近縣則南望杜霸北眺五陵名都對郭邑居相承英俊之域紱冕所興冠蓋如雲七相五公與乎州郡之豪傑五都之貨殖三選七遷充奉陵邑蓋以彊幹弱枝隆上都而觀萬國封畿之內厥土千里卓犖〔音角〕諸夏兼其所有其

陽則崇山隱天幽林穹谷陸海珍藏藍田美玉商洛緣其隈鄠（音戶）杜濵其足源泉灌注陂池交屬竹林果園芳草甘木郊野之富號爲近蜀其陰則冠以九嵕（音宗）陪以甘泉乃有靈宮起乎其中秦漢之所極觀淵雲之所頌嘆於是乎存焉下有鄭白之沃衣食之源提封五萬疆埸（音亦）綺分溝塍（音乘）刻鏤原隰龍鱗決渠降雨荷鍤成雲五穀垂穎桑麻鋪棻（音分）東郊則有通溝大漕潰渭洞河泛舟山東控引淮湖與海通波西郊則有上囿禁苑林麓藪澤

陂池連乎蜀漢繚(音了)以周牆四百餘里離宫别舘三十六所神池靈沼往往而在其中乃有九真之麟大宛之馬黄支之犀條枝之鳥踰崑崙越巨海殊方異類至于三萬里其宫室也體象乎天地經緯乎陰陽據坤靈之正位倣太紫之圓方樹中天之華闕豐冠山之朱堂因瓌(音瑰)材而究奇抗應龍之虹梁列棼(音汾)橑(音老)以布翼荷棟桴而高驤雕玉瑱(音真)以居楹裁金壁以飾璫(音當)發五色之渥彩光爓(音點)朗以影彰於是左墄(音戚)右平重軒三階閨房

周遍門闥洞開列鐘虡（音巨）於中庭立金人於端闈仍增崖而衡閾臨峻路而啓扉徇以離宮別寢承以崇臺閒（音閑）館煥若列宿紫宮是環清涼宣溫神仙長年金華玉堂白虎麒麟區宇若茲不可殫論增盤崔嵬登降炤爛殊形詭制每各異觀乗茵（音因）步輦惟所息宴後宮則有掖庭椒房后妃之室合懽增城安處常寧茝（音采）若椒風披香發越蘭林蕙草鴛鸞飛翔之列昭陽特盛隆於孝成屋不呈材牆不露形裛（音邑）以藻繡絡以綸連隋侯明月錯落

其間金釭音釭銜璧是爲列錢翡翠火齊流耀含英懸黎垂棘夜光在焉於是玄墀釦音叩砌玉階彤庭碝音軟磩音戚綵緻音志琳珉音旻青熒珊瑚碧樹周阿而生紅羅颯纚音徙綺組繽紛精曜華燭音燭俯仰如神後宮之號十有四位窈窕繁華更盛迭貴處乎斯列者蓋以百數左右庭中朝堂百寮之位蕭曹魏邴謀謨乎其上佐命則垂統輔翼則成化流大漢之愷悌蕩亡秦之毒螫音式故令斯人揚樂和之聲作畫一之歌功德著乎祖宗膏澤洽乎黎庶又有

天祿石渠典籍之府命夫惇誨故老名儒師傅講論乎六藝稽合乎同異又有承明金馬著作之庭大雅宏達於茲爲羣元元本本殫見洽聞啓發篇章校理秘文周以鉤陳之位衛以嚴更之署總禮官之甲科羣百郡之廉孝虎賁音奔贅衣閹尹閽寺陛戟百重各有典司周廬千列徼音叫道綺錯輦路經營修除飛閣自未央而連桂宮北彌明光而亘長樂陵墱音鄧道而超西墉掍音混建章而連外屬設璧門之鳳闕上觚稜音楞而棲金爵音雀內則別風嶕

音樵峣音尭眇麗巧而聳擢張千門而立萬戶順陰陽
以開闔爾乃正殿崔嵬層構厥高臨乎未央經駘
音殆盪而出馺音趿娑洞枍音意詣以與天梁上反宇以
蓋戴激日景而納光神明鬱其特起遂偃蹇而上
躋軼雲雨於太半虹霓迴帶於棼音分楣雖輕迅與
僄音漂狡猶愕眙音熾而不能階攀井幹而未半目眩
轉而意迷捨櫺音靈檻而卻倚若顛墜而復稽魂怳
怳音恍以失度巡迴途而下低既懲懼於登望降周
流以彷徨步甬道以縈紆又杳音窈窱音眺而不見陽

排飛闥而上出若遊目於天表似無依而洋洋前唐中而後太液覽滄海之湯湯(音傷)揚波濤於碣石激神岳之嶈嶈(音槍)濫瀛洲與方壺蓬萊起乎中央於是靈草冬榮神木叢生巖峻崷(音酋)崒(音卒)金石崢嶸抗仙掌以承露擢雙立之金莖軼埃壒(音愛)之混濁鮮顥(音浩)氣之清英騁文成之丕誕馳五利之所刑庶松喬之羣類時遊從乎斯庭實列仙之攸館非吾人之所寧爾乃盛娛遊之壯觀奮太武乎上囿因茲以威戎夸狄耀威靈而講武事命荊州使

起鳥詔梁野而驅獸毛羣内闐(音田)飛羽上覆接翼
側足集禁林而屯聚水衡虞人修其營表種别羣
分部曲有署罘(音浮)網連紘籠山絡野列卒周匝(音雜)
星羅雲布於是乗鑾輿備法駕帥羣臣披飛廉入
苑門遂繞豐鄗歷上蘭六師發逐百獸駭殫震震
爚爚(音爍)雷奔電激草木塗地山淵反覆蹂(音柔)躪(音吝)
其十二三乃拗(音咬)怒而少息爾乃期門佽(音次)飛列
刃攢鍭(音侯)要趹(音决)追蹤鳥驚觸絲獸駭值鋒機不
虛掎(音巳)弦不再控矢不單殺中必疊雙颮颮(音飈)紛

紛繪繳相纏風毛雨血灑野蔽天平原赤勇士厲猨狖音宥失木豺狼懾竄爾乃移師趨險並蹈潛穢窮虎奔突狂兕音似觸蹶許少施巧秦成力折掎音几僄音漂狡扼猛噬脫角挫脰音豆徒搏獨殺挾師豹拖熊螭曳犀犛音貍頓象羆音悲超洞壑越峻崖蹶嶄音讒巖巨石頹松柏仆叢林摧草木無餘禽獸殄夷於是天子登屬玉之館歷長楊之榭覽山川之體勢觀三軍之殺獲原野蕭條目極四裔禽相鎮壓獸相枕藉然後收禽會衆論功賜胙陳輕騎以行炰

音庖騰酒車以斟酌割鮮野食舉烽命爵饗賜畢勞逸齊大輅鳴鑾容與徘徊集乎豫章之宇臨乎昆明之池左牽牛而右織女似雲漢之無涯茂樹蔭蔚芳草被隄蘭茝發色曄曄音葉猗猗若摛錦與布繡爥燿乎其陂鳥則玄鶴白鷺黃鵠鵁鶄鶬鴰音括鴇音保鶂音鷁鳧鷖鴻鴈朝發河海夕宿江漢沉浮往來雲集霧散於是後宮乘輚音棧輅登龍舟張鳳蓋建華旗袪黼帷鏡清流靡微風澹淡浮櫂女謳鼓吹震聲激越謍音營厲天鳥羣翔魚窺淵招白鷳下

雙鵠揄音頭文竿出比目撫鴻罿音衝御繒繳方舟並鶩音務俛仰極樂遂乃風舉雲摇浮遊溥覽前乘秦嶺後越九嵏音宗東薄河華西涉岐雍宫館所歷百有餘區行所朝夕儲不改供禮上下而接山川究休佑之所用采遊童之歡謠第從臣之嘉頌於斯之時都都相望邑邑相屬國藉十世之基家承百年之業士食舊德之名氏農服先疇之畎畝商修族世之所鬻工用高曾之規矩粲乎隱隱各得其所若臣者徒觀迹於舊墟聞之乎故老十分未得

其一端故不能徧舉也

班固東都賦

東都主人喟然而歎曰痛乎風俗之移人也子實秦人矜夸館室保界河山信識昭襄而知始皇矣烏覩大漢之云爲乎夫大漢之開元也奮布衣以登皇位由數期而創萬代蓋六籍所不能談前聖靡得而言焉當此之時攻有横而當天討有逆而順民故婁敬度勢而獻其説蕭公權宜而拓其制時豈泰而安之哉計不得以已也吾子曾不是睹顧曜後嗣之末造不亦暗乎今將語子以建武之

治永平之事監于太清以變子之惑志往者王莽作逆漢祚中缺天人致誅六合相滅於時之亂生民幾亡鬼神泯絶壑無完柩郛罔遺室原野厭人之肉川谷流人之血秦項之災猶不克半書契以來未之或紀故下人號而上訴上帝懷而降監乃致命乎聖皇於是聖皇乃握乾符闡坤珍披皇圖稽帝文赫然發憤應若興雲霆擊昆陽憑怒雷震遂超太河跨北嶽立號高邑建都河洛紹百王之荒屯因造化之盪滌體元立制繼天而作系唐統

接漢緒茂育羣生恢復疆宇勲兼乎在昔事勤乎三五豈特方軌並跡紛綸后辟治近古之所務蹈一聖之險易云爾且夫建武之元天地革命四海之內更造夫婦肇有父子君臣初建人倫寔始斯乃伏羲氏之所以基皇德也分州土立市朝作舟輿造器械斯乃軒轅氏之所以開帝功也龔行天罰應天順人斯乃湯武之所以昭王業也遷都改邑有殷宗中興之則焉即土之中有周成隆平之制焉不階尺土一人之柄同符乎高祖克巳復禮

以奉終始允恭乎孝文憲章稽古封岱勒成儀炳
乎世宗按六經而校德眇古昔而論功仁聖之事
既該而帝王之道備矣至於永平之際重熙而累
洽盛三雍之上儀脩袞龍之法服鋪鴻藻信景鑠
揚世廟正雅樂神人之和永洽羣臣之序既肅乃
動大輅遵皇衢省方巡狩窮覽萬國之有無考聲
教之所被散皇明以爥（音竹）幽然後增周舊脩洛邑
扇巍巍顯翼翼光漢京于諸夏總八方而爲之極
是以皇城之內宮室光明闕庭神麗奢不可踰儉

不能侈外則因原野以作苑順流泉而爲沼發蘋藻以潛魚豐圃草以毓獸制同乎梁鄒誼合乎靈囿若乃順時節而蒐狩簡車徒以講武則必臨之以王制考之以風雅歷騶虞覽駟驖(音鐵)嘉車攻采吉日禮官整儀乘輿乃出於是發鯨魚鏗華鐘登玉輅乘時龍鳳蓋棽(音林)麗和鑾玲瓏天官景從寖威盛容山靈護野屬御方神雨師泛灑風伯清塵千乘雷起萬騎紛紜元戎竟野戈鋋(音蟬)彗雲羽旄掃霓旌旗拂天焱焱(音熖)炎炎揚光飛文吐爓(音熖)生

風歙音哈野歕音噴山日月爲之奪明丘陵爲之搖震遂集乎中囿陳師案屯駢部曲列校隊勒三軍誓將帥然後舉烽伐鼓申令三驅輕車霆激驍騎電鶩由基發射范氏施御弦不睼音弟禽轡不詭遇飛者不及翔走者不及去指顧倏忽獲車已實樂不及盤殺不盡物馬踠音宛餘足士怒未渫音薛先驅復路屬車按節於是薦三犧效五牲禮神祇懷百靈覲明堂臨辟雍揚緝熙宣皇風登靈臺考休徵俯仰乎乾坤參象乎聖躬目中夏而布德瞰四裔而

抗稜西邉河源東澹海漘音純北動幽崖南曜朱垠音銀殊方別區界絕而不隣自孝武之所不征孝宣之所未臣莫不陸讋音折水慄奔走而來賓遂綏哀牢開永昌春王三朝會同漢京是日也天子受四海之圖籍膺萬國之貢珍內撫諸夏外綏百蠻爾乃盛禮興樂供帳置乎雲龍之庭陳百寮而贊羣后究皇儀而展帝容於是庭實千品旨酒萬鍾列金罍班玉觴嘉珍御太牢饗爾乃食舉雍徹太師奏樂陳金石布絲竹鍾鼓鏗鎗音羗管絃曄音葉煜音育

抗五聲極六律歌九功舞八佾韶武備泰古畢四
夷間奏德廣所極僸音禁佅音賣兜離罔不具集萬樂
備百禮曁皇歡浹羣臣醉降烟音因煴音緼調元氣然
後撞鐘告罷百寮遂退於是聖上覩萬方之歡娛
又沐浴於膏澤懼其侈心之將萌而怠於東作乃
申舊章下明詔命有司班憲度昭節儉示太素去
後宮之麗飾損乘輿之服御抑工商之淫業興農
桑之盛務遂令海內棄末而反本背僞而歸眞女
脩織紝男務耕耘器用陶匏服尚素玄恥纖美而

不服賤奇麗而不珍捐金於山沉珠於淵於是百姓滌瑕盪穢而鏡至清形神寂寞耳目不營嗜慾之源滅廉恥之心生莫不優游而自得玉潤而金聲是以四海之内學校如林庠序盈門獻酬交錯俎豆莘莘下舞上歌蹈德詠仁登降飫宴之禮旣畢因相與嗟歎玄德讜言弘說咸含和而吐氣頌曰盛哉乎斯世今論者但知誦虞夏之書詠殷周之詩講羲文之易論孔氏之春秋罕能精古今之清濁究漢德之所由唯子頗識舊典又徒馳騁乎

末流温故知新已難而知德者鮮矣且夫僻界西戎險阻四塞脩其防禦孰與處乎土中平夷洞達萬方輻湊秦嶺九嵏（音宗）涇渭之川曷若四瀆五嶽帶河泝洛圖書之淵建章甘泉館御列仙孰與靈臺明堂統和天人太液昆明鳥獸之囿曷若辟雍海流道德之富游俠踰侈犯義侵禮孰與同履法度翼翼濟濟子徒習秦阿房之造天而不知京洛之有制識函谷之可關而不知王者之無外主人之辭未終西都賓矍然失容逡巡降階揲（音薛）然意

下捧手欲辭主人曰復位今將授子五篇之詩膺既卒業乃稱曰美哉乎斯詩義正乎楊雄事實乎相如匪唯主人之好學蓋乃遭遇乎斯時小子狂簡不知所裁既聞正道請終身而誦之

張衡歸田賦

遊都邑以永久無明畧以佐時徒臨川以羡魚俟河清乎未期感蔡子之慷慨從唐生以決疑諒天道之微昧追漁父以同嬉超埃塵以遐逝與世事乎長辭於是仲春令月時和氣清原隰鬱茂百草滋榮王雎鼓翼倉庚哀鳴交頸頡音協頏音杭關關嚶嚶於焉逍遙聊以娛情爾乃龍吟方澤虎嘯山丘仰飛纖繳俯釣長流觸矢而斃貪餌吞鈎落雲間之逸禽懸淵沉之魦音沙鰡音留于時曜靈俄景繼以

望舒極般遊之至樂雖日夕而忘劬感老氏之遺誡將廻駕乎蓬廬彈五弦之妙指詠周孔之圖書揮翰墨以奮藻陳三皇之軌模苟縱心於域外安知榮辱之所如

禰衡鸚鵡賦

時黃祖太子射(音亦)賓客大會有獻鸚鵡者舉酒於衡前曰禰處士今日無用娛賓竊以此鳥自遠而至明彗聰善羽族之可貴願先生以爲賦使四坐咸共榮觀不亦可乎衡因爲賦筆不停綴文不加點其辭曰

惟西域之靈鳥挺自然之奇姿體金精之妙質含火德之明輝性辯彗而能言兮才聰明以識機故其嬉遊高峻棲跱(音峙)幽深飛不妄集翔必擇林紺

趾丹觜綠衣翠衿采采麗容咬咬音交好音雖同族於羽鳥固殊志而異心配鸞皇而等美焉比德於衆禽於是羨芳聲之遠暢偉靈表之可嘉命虞人於隴坻詔伯益於流沙跨崑崙而播弋冠雲霓而張羅雖綱維之備設終一目之所加且其容止閑暇守植安停逼之不懼撫之不驚寧順從以遠害不違忤以喪生故獻全者受賞而傷肌者被刑爾乃歸窮委命離羣喪侶閉以彫籠翦其翅羽流飄萬里崎嶇重阻踰岷越障載罹寒暑女辭家而適

人臣出身而事主彼賢哲之逢患猶棲遲以羈旅矧禽鳥之微物能馴擾以安處眷西路而長懷望故鄉而延佇忖陋體之腥臊亦何勞於鼎俎嗟祿命之衰薄奚遭時之險巇豈言語以階亂將不密以致危痛母子之永隔哀伉儷之生離匪餘年之足惜愍衆雛之無知背蠻夷之下國侍君子之光儀懼名實之不副恥才能之無奇羨西都之沃壤識苦樂之異宜懷代越之悠思故每言而稱斯若乃少昊司晨蓐收整轡嚴霜初降涼風蕭瑟長吟

遠慕哀鳴感類音聲悽以激揚容貌慘以顦顇聞之者悲傷見之者隕淚放臣為之屢歎棄妻為之歔欷感平生之遊處兮若壎音喧篪音池之相須何今日之兩絕若胡越之異區順櫳檻以俯仰闚戶牖以踟躕想崑山之高峻思鄧林之扶疏顧六翮之殘毀雖奮迅其焉如心懷歸而弗果徒怨毒於一隅苟竭心於所事敢背惠而忘初託輕鄙之微命委陋賤之薄軀期守死以報德甘盡辭以效愚恃隆恩於既往庶彌久而不渝

王粲登樓賦

登茲樓以四望兮聊假日以銷憂覽斯宇之所處兮實顯敞而寡仇挾清漳之通浦兮倚曲沮之長洲背墳衍之廣陸兮臨皋隰之沃流北彌陶牧西接昭丘華實蔽野黍稷盈疇雖信美而非吾土兮曾何足以少留遭紛濁而遷逝兮漫踰紀以迄今情眷眷而懷歸兮孰憂思之可任憑軒檻以遙望兮向北風而開襟平原遠而極目兮蔽荆山之高岑路逶迤而脩迥兮川既漾而濟深悲舊鄉之壅

隔兮涕橫墜而弗禁昔尼父之在陳兮有歸歟之
歎音鍾儀幽而楚奏兮莊舄顯而越吟人情同於
懷土兮豈窮達而異心惟日月之逾邁兮俟河清
其未極冀王道之一平兮假高衢而騁力懼匏瓜
之徒懸兮畏井渫之莫食步棲遲以徙倚兮白日
忽其將匿風蕭瑟而並興兮天慘慘而無色獸狂
顧以求羣兮鳥相鳴而舉翼原野闃音貝其無人兮
征夫行而未息心悽愴以感發兮意忉怛而憯惻
循階除而下降兮氣交憤於胸臆夜參半而不寐

兮悵盤桓以反側

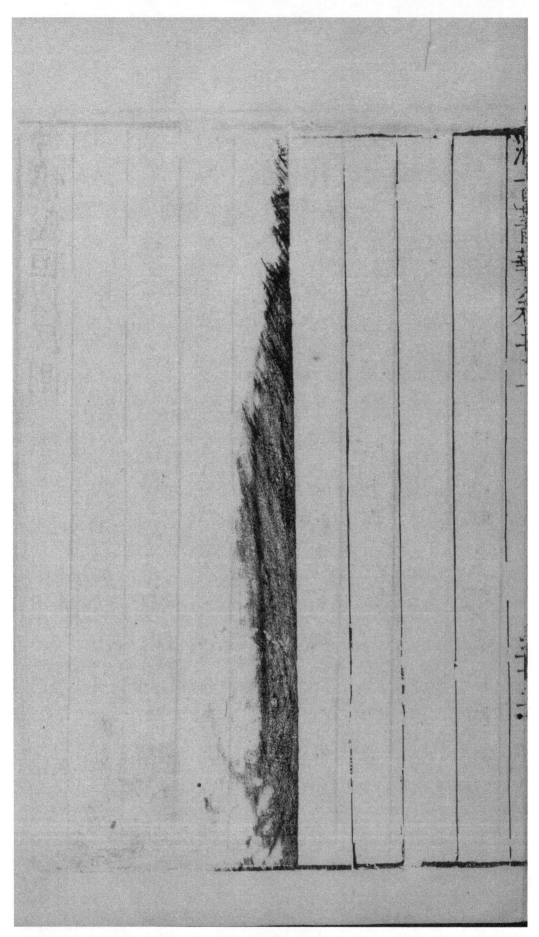

陸機文賦并序

余每觀才士之作竊有以得其心夫其放言遣辭良多變矣妍蚩好惡可得而言每自屬文尤見其情恒患意不稱物文不逮意蓋非知之難能之難也故作文賦以述先士之盛藻因論作文之利害所由他日殆可謂曲盡其妙至於操斧伐柯雖取則不遠若夫隨手之變良難以辭逮蓋所能言者具於此云尔

佇中區以玄覽頤音怡情志於典墳遵四時以歎逝

瞻萬物而思紛悲落葉於勁秋喜柔條於芳春心懍懍(音凜)以懷霜志眇眇而臨雲詠世德之駿(音俊)烈誦先人之清芬游文章之林府嘉麗藻之彬彬慨投篇而援筆聊宣之乎斯文其始也皆收視反聽耽思傍訊精騖八極心游萬仞其致也情曈(音同)曨(音龍)而彌鮮物昭晣而互進傾羣言之瀝液漱六藝之芳潤浮天淵以安流濯下泉而潛(音侵)浸(音滛)於是沈辭怫(音弗)悅若游魚銜鉤而出重淵之深浮藻聯翩若翰鳥纓繳(音酌)而墜曾雲之峻收百世之闕文

採千載之遺韻謝朝華於已披啓夕秀於未振觀古今之須臾撫四海於一瞬音舜然後選義按部考辭就班抱景者咸叩懷響者畢彈或因枝以振葉或㳂音沿波而討源或本隱以之顯或求易而得難或虎變而獸擾或龍見而鳥瀾或妥帖而易施或岨音阻峿音語而不安罄澄心以凝思眇衆慮而爲言籠天地於形內挫萬物於筆端始躑音只躅音竹於燥吻終流離於濡翰理扶質以立幹文垂條而結繁信情貌之不差故每變而在顏思涉樂其必笑方

言哀而已歎或操觚以率爾或含毫而邈然伊茲事之可樂固聖賢之所欽課虛無以責有叩寂寞而求音函綿邈於尺素吐滂沛乎寸心言恢之而彌廣思按之而愈深播芳蕤之馥馥發青條之森森粲風飛而猋（音飈）豎鬱雲起乎翰林體有萬殊物無一量紛紜揮霍形難爲狀辭程才以效伎（音忌）意思契而爲匠在有無而僶（音泯）俛當淺深而不讓雖離方而遁員期窮形而盡相故夫誇目者尚奢愜心者貴當言窮者無隘論達者唯曠詩緣情而綺

靡賦體物而瀏（音溜）亮碑披文以相質誄纏綿而悽愴銘博約而溫潤箴頓挫而清壯頌優游以彬蔚論精微而朗暢奏平徹以閑雅說煒（音偉）曄（音葉）而譎誑雖區分之在茲亦禁邪而制放要辭達而理舉故無取乎冗長其為物也多姿其為體也屢遷其會意也尚巧其遣言也貴妍暨音聲之迭代若五色之相宣雖逝止之無常固崎（音綺）錡（音擬）而難便苟達變而識次猶開流以納泉如失機而后會恒操末以續顛謬玄黃之秩序故淟（音忝）涊（音撚）而不鮮或

仰逼於先條或俯侵於後章或辭害而理比或言順而義妨離之則雙美合之則兩傷考殿最於錙銖定去留於毫芒苟銓衡之所裁固應繩其必當或文繁理富而意不指適極無兩致盡不可益立片言而居要乃一篇之警策雖衆辭之有條必待茲而效績亮功多而累寡故取足而不易或藻思綺合清麗芊音千眠炳若縟音蓐繡淒若繁絃必所擬之不殊乃暗合乎曩篇雖杼軸於予懷怵他人之我先苟傷廉而愆義亦雖愛而必捐或苕發穎豎

離衆絶致形不可逐響難爲係塊孤立而特峙非
常音之所緯心牢落而無偶意徘徊而不能揥音雉
石韞玉而山暉水懷珠而川媚彼榛楛音户之勿翦
亦蒙榮於集翠綴下里於白雪吾亦濟夫所偉或
託言於短韻對窮迹而孤興俯寂寞而無友仰寥
廓而莫承譬偏弦之獨張含清唱而靡應或寄辭
於瘁音言徒靡而弗華混妍蚩而成體累去聲良質
而爲瑕象下管之偏疾故雖應而不和或遺理以
存異徒尋虚而逐微言寡情而鮮愛辭浮漂而不

歸猶弦幺而徽急故雖和而不悲或奔放以諧合務嘈（音曹）囋（音雜）而妖冶徒悅目而偶俗固聲高而曲下瘖防露與桑間文雖悲而不雅或清虛以婉約每除煩而去濫闕大羹之遺味同朱絃之清氾雖一唱而三嘆固既雅而不豔若夫豊約之裁俯仰之形因宜適變曲有微情或言拙而喻巧或理朴而辭輕或襲故而彌新或㳂（音沿）濁而更清或覽之而必察或研之而後精譬猶舞者赴節以投袂歌者應絃而遣聲是蓋輪扁所不得言故非華說之

所能精普辭條與文律良予膺之所服練世情之常尤識前脩之所淑雖濬發於巧心或受嗤於拙目彼瓊敷與玉藻若中原之有菽同橐籥之罔窮與天地乎並育雖紛藹於此世嗟不盈於予掬患挈瓶之屢空病昌言之難屬故踸（音趻）踔（音卓）於短韻放庸音以足曲恒遺恨以終篇豈懷盈而自足懼蒙塵於叩缶顧取笑乎鳴玉若夫應感之會通塞之紀來不可遏去不可止藏若景滅行猶響起方天機之峻利夫何紛而不理思風發於胸臆言泉

流於脣齒紛葳蕤以馺音趿遝唯豪素之所擬文徽
徽以溢目音泠泠而盈耳及其六情底滯志往神
留兀若枯木豁若涸流覽營魂以探賾頓精爽而
自求理翳翳而逾伏思軋軋其若抽是以或竭情
而多悔或率意而寡尤雖茲物之在我非余力之
所勠叶留故時撫空懷而自惋吾未識夫開塞之所
由伊茲文之為用固衆理之所因恢萬里使無閡
通億載而為津俯貽則於來葉仰觀象乎古人濟
文武於將墜宣風聲於不泯塗無遠而不彌理無

徵而不綸配霑潤於雲雨象變化乎鬼神被金石

而德廣流管絃而日新

孫綽遊天台山賦并序

天台山者蓋山嶽之神秀也涉海則有方丈蓬萊登陸則有四明天台皆玄聖之所遊化靈仙之所窟宅夫其峻極之狀嘉祥之美窮山海之瓌富盡人神之壯麗矣所以不列於五嶽闕載於常典者豈不以所立冥奧其路幽迥或倒景於重溟或匿峰於千嶺始經魑魅之塗卒踐無人之境舉世罕能登陟王者莫由禋祀故事絕於常篇名標於奇紀然圖像之興豈虛也哉非夫遺世翫道絕粒茹

芝者焉能輕舉而宅之非夫遠寄冥搜篤信通神者何肯遥想而存之余所以馳神運思晝詠宵興俛仰之間若巳再升者也方觧纓絡永託玆嶺不任吟想之至聊奮藻以散懷

太虛遼廓而無閡運自然之妙有融而爲川瀆結而爲山阜嗟台嶽之所奇挺寔神明之所扶持蔭牛宿以曜峯託靈越以正基結根彌於華岱直指高於九疑應配天於唐典齊峻極於周詩邈彼絕域幽邃窈窕近智者以守見而不之之者以路絕

而莫曉哂夏蟲之疑氷整輕翮而思矯理無隱而不彰啓二奇以示兆赤城霞起以建標瀑布飛流以界道覩靈驗而遂徂忽乎吾之將行仍羽人於丹丘尋不死之福庭苟台嶺之可攀亦何羨於層城釋域中之常戀暢超然之高情被毛褐之森森振金策之鈴鈴披荒榛之蒙蘢陟峭崿（音鄂）之崢嶸濟楢（音由）溪而直進落五界而迅征跨穹隆之懸磴臨萬丈之絕冥踐莓苔之滑石摶壁立之翠屏攬樛（音糾）木之長蘿援葛藟之飛莖雖一冒於垂堂乃

永存乎長生必契誠於幽昧履重險而逾平旣克
隮音賷於九折路威夷而脩通悠心目之寥朗任緩
步之從容藉萋萋之纖草蔭落落之長松覿翔鸞
之裔裔聽鳴鳳之嚶嚶過靈溪而一濯疏煩想於
心胸蕩遺塵於旋流發五蓋之遊蒙追羲農之絕
軌躡二老之玄蹤陟降信宿迄于仙都雙闕雲竦
以夾路瓊臺中天而懸居朱閣玲瓏於林間玉堂
蔭映於高隅彤雲斐亹以翼櫺皦日炯晃於綺疏
八桂森挺以凌霜五芝含秀而晨敷惠風佇芳於

陽林醴泉涌溜於陰渠建木滅景於千尋琪音其樹
璀璨而垂珠王喬控鶴以冲天應真飛錫以躡虛
騁神變之揮霍忽出有而入無於是遊覽旣周體
靜心閑害馬已去世事都捐投刃皆虛目牛無全
凝思幽巖朗詠長川爾乃羲和亭午遊氣高褰法
鼓琅音郎以振響衆香馥以揚煙肆覲天宗爰集通
仙挹以玄玉之膏漱以華池之泉散以象外之說
暢以無生之篇悟遣有之不盡覺涉無之有間泯
色空以合跡忽即有而得玄釋二名而同出消一

無於三幡恣語樂以終日等寂默於不言渾萬象以冥觀兀同體於自然

謝莊雪賦

歲將暮時既昏寒風積愁雲繁梁王不悅遊於兔園乃置旨酒命賓友召鄒生延枚叟相如末至居客之右俄而微霰零密雪下王乃歌北風於衛詩詠南山於周雅授簡於司馬大夫曰抽子秘思騁子妍辭侔色揣稱爲寡人賦之相如於是避席而起逡巡而揖曰臣聞雪宮建於東國雪山峙於西域岐昌發詠於來思姬滿申歌於黃竹曹風以麻衣比色楚謠以幽蘭儷曲盈尺則呈瑞於豐年袤

音茂丈則表沴音利於陰德雪之時義遠矣哉請言其始若乃玄律窮嚴氣升焦溪涸暘谷凝火井滅溫泉冰沸潭無湧炎風不興北戶墐扉裸壤垂繒於是河海生雲朔漠飛沙連氛累靄音靄掩日韜霞霰淅瀝而先集雪紛糅而遂多其爲狀也散漫交錯氛氳蕭索藹藹浮浮瀌瀌音標奕奕聯翩飛灑徘徊委積始緣甍音萌而冒棟終開簾而入隙初便音駢娟於墀廡末縈盈於帷席既因方而爲珪亦遇圓而成璧眄隰則萬頃同縞瞻山則千岩俱白於是臺

如重壁逵似連璐庭列瑤階林挺瓊樹皓鶴奪鮮白鷴失素紈袖慙冶玉顏掩嫮音户若乃積素未虧白日朝鮮爛兮若燭龍銜燿照崑山爾其流滴垂冰緣霤承隅粲兮若馮夷剖蚌列明珠至夫繽紛繁鶩之貌皓汗皦潔之儀迴散縈積之勢飛聚凝曜之奇固展轉而無窮嗟難得而備知若乃申娛玩之無已夜幽靜而多懷風觸楹而轉響月承幌而通暉酌湘吳之醇酎音紂御狐貉之兼衣對庭鵾之雙舞瞻雲鴈之孤飛拆園中之萱草擿階上之

芳薇踐霜雪之交積憐枝葉之相違馳遙思於千里願接手而同歸鄒陽聞之懣（音悶）然心服有懷妍唱敬接末曲於是乃作而賦積雪之歌歌曰携佳人兮披重幄援綺衾兮坐芳縟（音辱）燎薰鑪兮炳明燭酌桂酒兮揚清曲又續而為白雪之歌歌曰曲既揚兮酒既陳朱顏酡（音駝）兮思自親願低帷以昵枕念解珮而褫（音恥）紳怨年歲之易暮傷後會之無因君寧見階上之白雪豈鮮耀於陽春歌卒王乃尋繹吟翫撫覽扼腕顧謂枚叔起而為亂亂曰白

羽雖白質以輕兮白玉雖白空守貞兮未若茲雪因時興滅玄陰凝不昧其潔太陽曜不固其節節豈我名潔豈我貞憑雲升降從風飄零值物賦像任地班形素因遇立汙隨染成縱心皓然何慮何營

江淹別賦

黯然銷魂者唯別而已矣況秦吳兮絶國復燕宋兮千里或春苔兮始生乍秋風兮蹔起是以行子腸斷百感悽惻風蕭蕭而異響雲漫漫而奇色舟凝滯於水濵車逶遲於山側櫂容與而詎前馬寒鳴而不息掩金觴而誰御横玉柱而霑軾居人愁臥怳音恍若有亡日下壁而沈彩月上軒而飛光見紅蘭之受露望青楸之離霜巡層楹而空掩撫錦幙而虚凉知離夢之躑躅意別魂之飛揚故別雖

一緒事有萬族至若龍馬銀鞍朱軒繡軸帳飲東都送客金谷琴羽張兮簫鼓陳燕趙歌兮傷美人珠與玉兮豔暮秋羅與綺兮嬌上春驚駟馬之仰秣聳淵魚之赤鱗造分手而銜涕感寂寞而傷神乃有劍客慙恩少年報士韓國趙厠吳宮燕市割慈忍愛離邦去里瀝泣共訣抆音刎血相視驅征馬而不顧見行塵之時起方銜感於一劍非買價於泉裏金石震而色變骨肉悲而心死或乃邊郡未和負羽從軍遼水無極鴈山參雲閨中風暖陌上

草薰日出天而曜景露下地而騰文鏡朱塵之照爛襲青氣之烟音因熅音縕攀桃李兮不忍别送愛子兮霑羅裾至如一去絶國詎相見期視喬木兮故里訣北梁兮永辭左右兮魂動親賓兮淚滋可班荆兮增恨惟樽酒兮敘悲值秋鴈兮飛日當白露兮下時怨復怨兮遠山曲去復去兮長河湄又若君居淄右妾家河陽同瓊珮之晨照共金爐之夕香君結綬兮千里惜瑶草之徒芳慙幽閨之琴瑟晦高臺之流黄春宫閟此青苔色秋帳含兹明月

光夏簟青兮晝不暮冬釭凝兮夜何長織錦曲兮泣已盡迴文詩兮影獨傷儻有華陰上士服食還仙術既妙而猶學道已寂而未傳守丹竈而不顧鍊金鼎而方堅駕鶴上漢驂鸞騰天蹔遊萬里少別千年惟世間兮重別謝主人兮依然下有芍藥之詩佳人之歌桑中衛女上宮陳娥春草碧色春水渌波送君南浦傷如之何至乃秋露如珠秋月如珪明月白露光陰往來與子之別思心徘徊是以別方不定別理千名有別必怨有怨必盈使人

意奪神駭心折骨驚雖淵雲之墨妙皆嚴樂之筆精金閨之諸彥蘭臺之羣英賦有淩雲之稱辯有雕龍之聲詎能摹暫離之狀寫永訣之情者乎

七

枚乘七發

楚太子有疾而吳客往問之曰伏聞太子玉體不安亦少間乎太子曰憊（音敗）謹謝客客因稱曰今時天下安寧四宇和平太子方富於年意者久耽安樂日夜無極邪氣襲逆中若結轖（音色）紛沌（音屯）澹淡噓唏（音兮）煩酲惕惕怵怵臥不得瞑虛中重聽惡聞人聲精神越渫（音薛）百病咸生聰明眩曜悅怒不平久執不廢大命乃傾太子豈有是乎太子曰謹謝

客賴君之力時時有之然未至於是也客曰今夫貴人之子必宮居而閨處內有保母外有傳父欲交無所飲食則溫淳甘膬音脆脭音呈醲肥厚衣裳則雜遝曼音萬煖燀音涎爍音芍熱暑雖有金石之堅猶將銷鑠而挺解也況其在筋骨之間乎哉故曰縱耳目之欲恣支體之安者傷血脈之和且夫出輿入輦命曰蹷音決痿音委之機洞房清宮命曰寒熱之媒皓齒娥眉命曰伐性之斧甘脆音翠肥醲命曰腐腸之藥今太子膚色靡曼四支痿隨筋骨挺解血脈

淫濯手足惰窳音庾越女侍前齊姬奉後往來游醼縱恣乎曲房隱間之中此甘餐毒藥戲猛獸之爪牙也所從來者至深遠淹滯永久而不廢雖令扁鵲治內巫咸治外尚何及哉今如太子之病者獨宜世之君子博見彊識承間語事變度易意常無離側以爲羽翼淹沈之樂浩蕩之心遁佚之志其奚由至哉太子曰諾病已請事此言客曰今太子之病可無藥石針刺灸療而已哉可以要言妙道說而去也不欲聞之乎太子曰僕願聞之客曰龍

門之桐高百尺而無枝中鬱結之輪菌(音窘)根扶疏以分離上有千仞之峯下臨百丈之谿湍流遡波又澹淡之其根半死半生冬則烈風漂霰飛雪之所激也夏則雷霆霹靂之所感也朝則鸝黃鳱(音曷)鴠(音旦)鳴焉暮則羈雌迷鳥宿焉獨鵠晨號乎其上鵾雞哀鳴翔乎其下於是背秋涉冬使琴摯斫斬以爲琴野繭之絲以爲絃孤子之鉤以爲隱九寡之珥(音二)以爲約使師堂操暢伯子牙爲之歌歌曰麥秀蔪(音尖)兮雉朝飛向虛壑兮背槁槐依絕區兮

臨迴溪飛鳥聞之翕翼而不能去野獸聞之垂耳而不能行蚑(音其)蟜(音矯)螻蟻聞之柱喙(音患)而不能前此亦天下之至悲也太子能彊起聽之乎太子曰僕病未能也

客曰犓(音初)牛之腴菜以笋蒲肥狗之和(去聲)冒以山膚楚苗之食安胡之飯摶(音團)之不解一啜而散於是使伊尹煎熬易牙調和熊蹯(音煩)之臑(音而)勺藥之醬薄耆之炙(去聲)鮮鯉之鱠秋黃之蘇白露之茹蘭英之酒酌以滌口山梁之餐豢豹之胎小飯大歠

如湯沃雪此亦天下之至美也太子能强起嘗之乎太子曰僕病未能也

客曰鍾岱之牡齒至之車前似飛鳥後類距虛穱（音卓）麥服處躁中煩外羈堅轡附易路於是伯樂相其前後王良造父爲之御秦缺樓季爲之右此兩人者馬佚能止之車覆能起之於是使射千鎰之重爭千里之逐此亦天下之至駿也太子能强起乘之乎太子曰僕病未能也

客曰既登景夷之臺南望荊山北望汝海左江右

湖其樂無有於是使愽辯之士原本山川極命草木比物屬事離辭連類浮游覽觀乃下置酒於虞懷之宮連廊四注臺城層構紛紜玄綠輦道邪交隍池紆曲溷(音混)章白露孔雀鶤(音昆)鵠鵷雛鵁鶄翠鬣紫纓螭龍德牧邕邕群鳴陽魚騰躍奮翼振鱗漃(音寂)漻(音寥)薵(音儔)蓼(音了)蔓草芳苓(音蓮)女桑河柳素葉紫莖苗松豫章條上造天梧桐并閭極望成林衆芳芬鬱亂於五風從容猗靡消息陽陰列坐縱酒蕩樂娛心景春佐酒杜連理音滋味雜陳肴糅錯

該練色娛目流聲悅耳於是乃發激楚之結風揚
鄭衛之皓樂使先施徵舒陽文段干吳娃(音哇)閭娵
(音疽)傅予之徒雜裾垂髾(音梢)目窕心與揄(音俞)流波雜
杜若蒙清塵被蘭澤嬿(音宴)服而御此亦天下之靡
麗皓侈廣博之樂也太子能强起游乎太子曰僕
病未能也
客曰將爲太子馴騏驥之馬駕飛軨(音零)之輿乘牡
駿之乘右夏服之勁箭左烏號之彫弓游涉乎雲
林周馳乎蘭澤弭節乎江潯掩青蘋游清風陶陽

氣蕩春心逐狡獸集輕禽於是極犬馬之才困野獸之足窮相御之智巧恐虎豹慴（音摺）鷙鳥逐馬鳴鑣魚跨麋角履游麕（音君）兎蹈踐麖（音京）鹿汗流沫墜寃伏陵窘無創而死者固足充後乘矣此校獵之至壯也太子能强起游乎太子曰僕病未能也然陽氣見於眉宇之間侵淫而上幾滿大宅

客見太子有悅色也遂推而進之曰冥火薄天兵車雷運旌旗偃蹇羽毛肅紛馳騁角逐慕味爭先徼墨廣博觀望之有圻純粹全犧獻之公門太子

曰善願復聞之客曰未既於是榛林深澤烟雲闇莫兕虎並作毅武孔猛袒裼身薄白刃磑磑音該矛戟交錯收獲掌功賞賜金帛掩蘋肆若爲牧人席旨酒嘉肴羞炰音庖膾炙以御賓客涌觴並起動心驚耳誠必不悔決絕以諾貞信之色形于金石高歌陳唱萬歲無斁此真太子之所喜也能強起而游乎太子曰僕甚願從直恐爲諸大夫累耳然而有起色矣

客曰將以八月之望與諸侯遠方交游兄弟並往

觀濤乎廣陵之曲江至則未見濤之形也徒觀水力之所到則卹然足以駭矣觀其所駕軼者所推拔者所揚汩者所温汾者所滌汔者雖有心畧辭給固未能縷形其所由然也怳兮惚兮聊兮慓兮混兮汩兮忽兮慌兮俶兮儻兮浩瀇音晃瀁音養兮慌曠曠兮秉意乎南山通望乎東海虹去聲洞乎蒼天極慮乎崖涘流攬無窮歸神日母汩乘流而下降兮或不知其所止或紛紜其流折兮忽繆徃而不來臨朱汜音似而遠逝兮中虚煩而益怠莫離散而

發曙兮內存心而自持於是澡(音早)溉胸中灑練五藏澹澉(音幹)手足頮(音悔)濯髮齒揄(音俞)棄恬怠輸寫淟(音典)濁分決狐疑發皇耳目當是之時雖有淹病滯疾猶將伸傴起躄(音壁)發瞽披聾而觀望之也況直眇小煩懣酲醲病酒之徒哉故曰發蒙解惑不足以言也太子曰善然則濤何氣哉客曰不記也然聞於師曰似神而非者三疾雷聞百里江水逆流海水上潮山出內雲日夜不止衍溢漂疾波涌而濤起其始起也洪淋淋焉若白鷺之下翔其少進

也浩浩溰溰(音沂)如素車白馬帷蓋之張其波涌而雲亂擾擾焉如三軍之騰裝其旁作而奔起也飄飄焉如輕車之勒兵六駕蛟龍附從太白純馳皓蜺前後絡繹顒顒(音容)卬卬(音昂)椐椐(音居)彊彊莘莘將將(音鏘)壁壘重堅沓雜似軍行訇(音薨)隱匈磕(音渴)軋盤涌裔原不可當觀其兩傍則滂渤怫鬱闇漠感突上擊下律有似勇壯之卒突怒而無畏蹈壁衝津窮曲隨隈踰岸出追遇者死當者壞初發乎或圍之津涯荄(音該)軫谷分迴翔青篾銜枚檀栢弭節伍

子之山通厲骨母之塲淩赤岸篲音歲扶桑橫奔似雷行誠奮厥武如震如怒沌沌渾渾狀如奔馬混混庉庉音頓聲如雷鼓發怒庢音底沓清升踰跇音熾侯波奮振合戰于藉藉之口鳥不及飛魚不及迴獸不及走紛紛翼翼波涌雲亂蕩取南山背擊北岸覆虧丘陵平夷西畔險險戲戲崩壞陂池決勝乃罷瀄音側汩潺音讒湲音爰披揚流灑橫暴之極魚鱉失埶顛倒偃側沋沋音尤湲湲蒲伏連延神物怪疑不可勝言直使人踣音仆焉洄音回闇悽愴焉此天下怪

異詭觀也太子能强起觀之乎太子曰僕病未能
也
客曰將爲太子奏方術之士有資畧者若莊周魏
年楊朱墨翟便蜎音娟詹何之倫使之論天下之精
微理萬物之是非孔老覽觀孟子持籌而筭之萬
不失一此亦天下要言妙道也太子豈欲聞之乎
於是太子據几而起曰渙乎若一聽聖人辯士之
言涊然汗出霍然病已

滙古菁華卷二十一終

匯古菁華 十八終

道德經

上經三十七章

道可道非常道名可名非常名無名天地之始有名萬物之母故常無欲以觀其妙常有欲以觀其徼（音竅）此兩者同出而異名同謂之玄玄之又玄衆妙之門

此爲名可名非常名

天下皆知美之爲美斯惡已皆知善之爲善斯不善已故有無相生難易相成長短相形高下相

傾音聲相和前後相隨是以聖人處無爲之事行不言之教萬物作焉而不辭生而不有爲而不恃功成而不居夫惟不居是以不去

（三 寫 聖人又是一位之妙）

不尚賢使民不爭不貴難得之貨使民不爲盜不見可欲使心不亂是以聖人之治虛其心實其腹弱其志強其骨常使民無知無欲使夫知者不敢爲也爲無爲則無不治

（四 寫 無名天地之始）

道冲而用之或不盈淵乎似萬物之宗挫其銳解其紛和其光同其塵湛兮似若存吾不知誰之

子象帝之先

天地不仁以萬物為芻狗聖人不仁以百姓為芻（此為萬物之母）

狗天地之間其猶橐（音托）籥（音藥）乎虛而不屈動而

愈出多言數窮不如守中

谷神不死是謂玄牝玄牝之門是謂天地根綿綿（再写天地之始）

若存用之不勤

天長地久天地所以能長且久者以其不自生故（再喻萬物之母　保養已生）

能長生是以聖人後其身而身先外其身而身

存非以其無私耶故能成其私

淮南子執玄鑑於心照物明白

上善若水水善利萬物而不爭處衆人所惡故幾

此写常無欲以觀其妙

於道居善地心善淵與善仁言善信政善治事

善能動善時夫唯不爭故無尤

持而盈之不如其已揣而銳之不可長保金玉滿

此写常有欲以觀其徼

堂莫之能守富貴而驕自遺其咎功成名遂身

退天之道

葛西因是云載猶容也天之道所容也載字舊連下章營魄讀不得其解今連在天之道下与上句功遂身退〻字相叶此上下兩句皆得四字一句筆法整齊

載營魄抱一能無離乎專氣致柔能如嬰兒乎滌

上三句写自修

除玄覽能無疵乎愛民治國能無爲乎天門開

下三句写治人

耳目鼻口

闔能無雌乎明白四達能無知乎生之畜之生

何謂寵辱下脫若驚二字

而不有爲而不恃長而不宰是謂玄德

此用四無字諭前章無離無疵無爲無知四件事的證

三十輻音伏共一轂音谷當其無有車之用埏音延埴音失以爲器當其無有器之用鑿戶牖音右以爲室當其無有室之用故有之以爲利無之以爲用

此寫常有欲以觀徼

五色令人目盲五音令人耳聾五味令人口爽馳騁畋獵令人心發狂難得之貨令人行妨是以聖人爲腹不爲目故去彼取此

此寫常有欲以觀徼之狀極寵極辱

寵辱若驚貴大患若身何謂寵辱寵爲下得之若驚失之若驚是謂寵辱若驚何謂貴大患若身

於字疑衍

吾所以有大患者爲吾有身及吾無身吾有何
患故貴以身爲天下則可寄於天下愛以身爲
天下乃可以託於天下

開卷首章寫兩者同出異名此章重寫三者不可致詰歸無名之至道

視之不見名曰夷聽之不聞名曰希搏之不得名
曰微此三者不可致詰故混而爲一其上不皦音皎
其下不昧繩繩不可名復歸於無物是謂無
狀之狀無象之象是謂恍惚迎之不見其首隨
之不見其後執古之道以御今之有能知古始
是謂道紀

古之善爲士者微妙玄通深不可識夫惟不可識故強爲之容豫兮若冬涉川猶兮若畏四鄰儼兮其若客渙兮其若冰之將釋敦兮其若樸曠兮其若谷渾兮其若濁孰能濁以靜之徐清孰能安以久動之徐生保此道者不欲盈夫惟不盈故能敝不新成

致虛極守靜篤萬物並作吾以觀其復夫物芸芸各歸其根歸根曰靜是謂復命復命曰常知常曰明不知常妄則凶知常容容乃公公乃王王

悔侮之誤

臣疑信誤

乃天天乃道道乃久沒身不殆

此爲帝王立品格

太上下知有之道乎天其次親之譽之王乎公其次畏之其次悔安得凶之故信不足焉公王有不信猶兮其貴言功成事遂太上百姓皆曰我自然

上古之治知前章所云今大夫其如此何

太道廢有仁義知慧出有大僞六親不和有孝慈國家昏亂有忠臣

老子有說復之學故欲挽回末俗復之上古此是老子一生老大學問

絶聖棄智民利百倍絶仁棄義民復孝慈絶巧棄利盜賊無有此三者以爲文不足故令有所屬見素抱樸少私寡慾

韓非子外儲說　市阿難誰何也唯之手阿猶言是之手非

衆之僳之誤

絕學（學聖智之跡絕學二字接前章絕聖棄智絕仁棄義絕巧棄利無憂二字共致驗）無憂唯之與阿相去幾何善之與惡相去何若人之所畏不可不畏荒兮其未央哉衆人熈熈如享太牢如登春臺我獨泊兮其未兆若嬰兒之未孩乘乘兮若無所歸衆人皆有餘而我獨若遺我愚人之心也哉沌沌（音遁）兮俗人昭昭我獨若昏俗人察察我獨悶悶忽兮其若海漂（音飄）兮若無所止衆人皆有以而我獨頑且鄙我獨異於人而貴食母（沌沌兮三字可轉沌字似與若昏叶韻據上文考之兮字下必有三四字攙之或有所闕）

孔德之容惟道是從道之為物惟恍惟惚惚兮恍

衆甫即孔德謂歷代聖人也出入共門曰閱聖賢孰復不出入此門者

兮其中有象恍兮惚兮其中有物窈兮冥兮其中有精其精甚真其中有信自古及今其名不去以閱衆甫吾何以知衆甫之然哉以此

曲則全（曲則全之下六句古聖人之語是以下老子演說）枉則直窪（音洿）則盈敝則新少則得多則惑是以聖人抱一爲天下式不自見故明不自是故彰不自伐故有功不自矜故長夫惟不爭故天下莫能與之爭古之所謂曲則全者豈虚言哉誠全而歸之

（誠全句舊西因是改置下章皆曰誠欲全而歸之須希言自然世間病人徇名徇利莫不中道夭伐聖人獨全形軀終天年以全而返之乎希言寡言也從事也聖人在世無以多言高声為唯扶助萬物天性而遵其自然而已）

希言自然飄風不終朝驟雨不終日孰爲此者天

地天地尚不能久而況於人乎故從事於道者道者同於道德者同於德失者同於失同於道者道亦樂得之同於德者德亦樂得之同於失者失亦樂得之信不足焉有不信焉

跂者不立跨者不行自見者不明自是者不彰自伐者無功自矜者不長其在道也曰餘食贅行物或惡之故有道者不處也

有物混成先天地生寂兮寥兮獨立而不改周行而不殆可以爲天下母吾不知其名字之曰道

強爲之名曰大大曰逝逝曰遠遠曰反故道大天大地大王亦大域中有四大而王處一焉人法地地法天天法道道法自然

重爲輕根靜爲躁君是以君子終日行不離輜音淄重雖有榮觀燕處超然柰何萬乘之主而以身輕天下輕則失臣躁則失君

善行無轍迹善言無瑕讁善計不用籌策善閉無關楗而不可開善結無繩約而不可解是以聖人常善救人故無棄人常善救物故無棄物是

謂襲明故善人者不善人之師不善人者善人之資不貴其師不愛其資雖智大迷是謂要妙

知其雄守其雌爲天下谿爲天下谿常德不離復歸於嬰兒知其白守其黑爲天下式爲天下式常德不忒復歸於無極知其榮守其辱爲天下谷爲天下谷常德乃足復歸於樸樸散則爲器聖人用之則爲官長故大制不割

將欲取天下而爲之者吾見其不得已天下神器不可爲也爲者敗之執者失之故物或行或隨

或呴（音煦）或吹或強或羸或載或隳（音揮）是以聖人
去甚去奢去泰

以道佐人主者不以兵強天下其事好還師之所
處荊棘生焉大軍之後必有凶年故善者果而
已不敢以取強焉果而勿矜果而勿伐果而勿
驕果而不得已果而勿強物壯則老是謂不道
不道早已

夫佳兵者不祥之器物或惡之故有道者不處是
以君子居則貴左用兵則貴右兵者不祥之器

非君子之器不得已而用之恬淡爲上勝而不
美而美之者是樂殺人也夫樂殺人者則不可
以得志于天下矣故吉事尚左凶事尚右是以
偏將軍處左上將軍處右言以喪禮處之殺人
衆多以悲哀泣之戰勝以喪禮處之
道常無名樸雖小天下不敢臣侯王若能守之萬（四字無名天地之始有名萬物之母）
物將自賓天地相合以降甘露民莫之令而自
均始制有名名亦既有天亦將知之知之所以
不殆譬道之在天下由川谷之於江海（故君子用兵亦要一用輙止）

知人者智，自知者明。勝人者有力，自勝者強。知足者富。強行者有志。不失其所者久。死而不亡者壽。

（此章共八句，上六句逐次字一行止）

（強行者有志、知足者富二句上下改位，富字与久字、壽字叶。下二句接知足者富一句，仍字知止不失其一久就生涯言之。死而不一壽併死後言之）

大道氾兮其可左右。萬物恃之以生而不辭，功成不名有，愛養萬物而不爲主。常無欲，可名於小；萬物歸焉而不爲主，可名爲大。是以聖人終不爲大，故能成其大。

（字萬物之養）

（字万物死）

執大象，天下往。往而不害，安平泰。樂與餌，過客止。道之出口，淡乎其無味。視之不足見，聽之不足

不欲不字無誤

聞用之不可既

將欲歙（音吸）之必固張之將欲弱之必固強之將欲廢之必固興之將欲奪之必固與之是謂微明柔勝剛弱勝強魚不可脫於淵國之利器不可以示人

（此章寓用兵玄機恐人不察唯聖人見其機故稱微明）

道常無爲而無不爲侯王若能守萬物將自化化而欲作吾將鎮之以無名之樸無名之樸亦將不欲不欲以靜天下將自正

下經四十四章

上德不德是以有德下德不失德是以無德上德無爲而無以爲下德爲之而有以爲上仁爲之而無以爲上義爲之而有以爲上禮爲之而莫之應則攘臂而仍之故失道而後德失德而後仁失仁而後義失義而後禮夫禮者忠信之薄而亂之首前識（予立則志同）者道之華而愚之始是以大丈夫處其厚不處其薄居其實不居其華故去彼取此

昔之得一者（一者數之始也物之微也往之致也）天得一以清地得一以寧神得一以

靈谷得一以盈萬物得一以生侯王得一以爲天下正其致一也天無以清將恐裂地無以寧將恐發神無以寧將恐歇谷無以盈將恐竭萬物無以生將恐滅侯王無以爲貞而貴高將恐蹷故貴以賤爲本高以下爲基是以侯王自稱孤寡不轂此其以賤爲本邪非乎故致數車無車不欲碌碌如王落落如石

反者道之動弱者道之用天下萬物生於有有生於無

昔之得一者天地神谷萬物公王爲三十輻共本則一轂也未有一以前名爲無車所謂道也如夫以碌碌名玉以落落名石辨貴賤別於醜賤彼

民庶貴此公王者後來小人之見也凡常之公王自稱孤寡不穀之意也

身在貴高而稱孤寡不穀可謂反矣

建言下脫者字

類纇〻誤絲節也粗絲

也

上士聞道勤而行之中士聞道若存若亡下士聞道大笑之不笑不足以爲道故建言有之（以下九句建言者語）明道若昧夷道若類進道若退上德若谷太白若辱廣德若不足建德若偷質真若渝大方無隅大器晚成大音希聲大象無形道隱無名夫唯道善貸且成

道生一一生二二生三三生萬物萬物負陰而抱陽沖氣以爲和人之所惡唯孤寡不穀而王公以爲稱故物或損之而益或益之而損人之所

教我亦教之強梁者不得其死吾將以爲教父

天下之至柔馳騁天下之至堅無有入於無閒吾是以知無爲之有益不言之教無爲之益天下希及之

名與身孰親身與貨孰多得與亡孰病是故甚愛必大費多藏必厚亡知足不辱知止不殆可以長久

大成若缺其用不弊大盈若冲其用不窮大直若屈大巧若拙大辯若訥躁勝寒靜勝熱清靜爲

天下正 因是曰正字於文為一止得一之一知止之止相合為正字

天下有道却走馬以糞天下無道戎馬生於郊罪莫大于可欲禍莫大于不知足咎莫大于欲得故知足之足常足

不出戶知天下不窺牖見天道其出彌遠其知彌少是以聖人不行而知不見而明不爲而成

爲學日益爲道日損損之又損以至于無爲無爲而無不爲矣故取天下者常以無事及其有事不足以取天下

怵怵一本作慄慄

聖人無常心以百姓心爲心善者吾善之不善者吾亦善之德善信者吾信之不信者吾亦信之德信聖人之在天下怵怵爲天下渾其心百姓皆注其耳目聖人皆孩之

出地曰生入地曰死車輪之爲形輻與牙居外分之爲九轂居其中是爲一通計得十矣嘗試分三十輻爲三停一停居全輪之三[illegible]之在地一停十輻俯就地者堅強任力謂之死之徒二停二十輻仰在上者柔弱不費力其一停十輻在前者動轉將施死地所謂動之死地者也又一停十輻在後者方得生處謂之生之徒

民之生

生之厚盖

聞善攝生者陸行不遇兕虎入軍不被甲兵兕無所投其角虎無所措其爪兵無所容其刃夫何故以其無死地

天下正○因是曰正字於文為一止得一之一知止之止相合為正字

天下有道却走馬以糞天下無道戎馬生於郊罪莫大于可欲禍莫大于不知足咎莫大于欲得故知足之足常足○

不出戶知天下不窺牖見天道其出彌遠其知彌少是以聖人不行而知不見而明不為而成

為學日益為道日損損之又損以至于無為無為而無不為矣故取天下者常以無事及其有事不足以取天下○

怵〻一本作惵〻

聖人無常心以百姓心爲心善者吾善之不善者吾亦善之德善信者吾信之不信者吾亦信之德信聖人之在天下怵怵爲天下渾其心百姓皆注其耳目聖人皆孩之

出生入死生之徒十有三死之徒十有三民之生動之死地亦十有三夫何故以其生生之厚盖聞善攝生者陸行不遇兕虎入軍不被甲兵兕無所投其角虎無所措其爪兵無所容其刃夫何故以其無死地

施 邪施也 孟子 施從良人所之

道生之德畜之物形之勢成之是以萬物莫不尊道而貴德道之尊德之貴夫莫之命而常自然故道生之畜之長之育之成之熟之養之覆之生而不有爲而不恃長而不宰是謂玄德

天下有始以爲天下母既得其母以知其子既知其子復守其母沒身不殆塞其兌閉其門終身不勤開其兌濟其事終身不救見小曰明守柔曰强用其光復歸其明無遺身殃是謂襲常

使我介然有知行於大道唯施是畏大道甚夷而

國當作邦邦豐相叶

民好徑朝甚除田甚蕪倉甚虛服文采帶利劒

厭飲食資財有餘是謂盜誇非道哉

善建者不拔善抱者不脫（二句寫德之堅固）子孫祭祀不輟（何況家鄉邦天下之堅固亦見）修之于

身其德乃真修之于家其德乃餘修之于鄉其

德乃長修之于國其德乃豐修之于天下其德

乃普以身觀身以家觀家以鄉觀鄉以國觀國

以天下觀天下吾何以知天下之然哉以此

含德之厚比於赤子毒蟲不螫猛獸不據攫（音郤）鳥

不搏骨弱筋（音勤）柔而握固未知牝牡之合而朘

音儁作精之至也終日號而嗌音益不嗄音厦和之至也知和曰常知常曰明益生曰祥心使氣曰强物壯則老謂之不道不道早巳

知者不言言者不知塞其兊閉其門挫其銳解其紛和其光同其塵是謂玄同不可得而親亦不可得而踈不可得而利亦不可得而害不可得而貴亦不可得而賤故爲天下貴

以正治國以奇用兵以無事取天下吾何以知其然哉以此天下多忌諱而民彌貧人多利器國

家滋昏民多技巧奇物滋起法令滋彰盜賊多有故聖人云我無爲而民自化我好靜而民自正我無事而民自富我無欲而民自樸

其政悶悶其民醇醇其政察察其民缺缺禍兮福所倚福兮禍所伏孰知其極其無正正復爲奇善復爲妖民之迷其日固久是以聖人方而不割廉而不劌音歲直而不肆光而不耀

治人事天莫如嗇夫惟嗇是謂早復早復謂之重積德重積德則無不克無不克則莫知其極莫

人字改作神爲是固是云

知其極可以有國有國之母可以長久是謂深
根固柢長生久視之道
治大國若烹小鮮以道莅天下其鬼不神非其鬼
不神其神不傷人非其神不傷人聖人亦不傷
人夫兩不相傷故德交歸焉
大國者下流天下之交天下之牝牝常以靜勝牡
以靜爲下故大國以下小國則取小國小國以
下大國則取大國故或下以取或下而取大國（取下當入於字看下句下而取之取亦當同文法讀）
不過欲兼畜人小國不過欲入事人夫兩者各

行上加美字據淮南子

得其所欲故大者宜為下

道者萬物之奧善人之寶不善人之所保美言可以市尊行可以加人人之不善何棄之有故立天子置三公雖有拱璧以先駟馬不如坐進此（將玉帛車馬者必立而將之卻欲進與道非三公則不得過坐務而已）道古之所以貴此道者何也不曰求以得有罪以免耶故為天下貴

為無為事無事味無味大小多少報怨以德圖難于其易為大於其細天下難事必作于易天下大事必作于細是以聖人終不為大故能成其

大。夫輕諾必寡信。多易必多難。是以聖人猶難之。故終無難。

其安易持。其未兆易謀。其脆音萃易破。其微易散。為之于未有。治之于未亂。合抱之木。生於毫末。九層之臺。起於累土。千里之行。始於足下。為者敗之。執者失之。聖人無為。故無敗。無執。故無失。民之從事。常於幾成而敗之。慎終如始。則無敗事。是以聖人欲不欲。不貴難得之貨。學不學。復衆人之所過。以輔萬物之自然。而不敢為。

古之善爲道者非以明民將以愚之民之難治以其智多以智治國國之賊不以智治國國之福知此兩者亦楷式能知楷式是謂玄德玄德深矣遠矣與物反矣乃至於大順

江海所以能爲百谷王者以其善下之故能爲百谷王是以聖人欲上民必以言下之欲先民必以身後之是以聖人處上而民不重處前而民不害是以天下樂推而不厭以其不爭故天下莫能與之爭

天下皆謂我大似不肖夫惟大故似不肖若肖久矣其細夫我有三寶持而寶之一曰慈二曰儉三曰不敢爲天下先慈故能勇儉故能廣不敢爲天下先故能成器長今捨慈且勇捨儉且廣捨後且先死矣夫慈以戰則勝以守則固天將救之以慈衛之

善爲士者不武善戰者不怒善勝敵者不爭善用人者爲之下是謂不爭之德是謂用人之力是謂配天古之極

用兵有言吾不敢爲主而爲客不敢進寸而退尺是謂行無行攘無臂仍無敵執無兵禍莫大於輕敵輕敵幾喪吾寶故抗兵相加哀者勝矣

吾言甚易知甚易行天下莫能知莫能行言有宗事有君夫唯無知是以不我知知我者希則我者貴是以聖人被褐懷玉

知不知上不知知病夫唯病病是以不病聖人之不病也以其病病是以不病（以上二章寫儉）

民不畏威大威至矣無狹（安其居樂其俗）其所居無厭（甘其食美其服）其所生夫

下厭字畏誤

帶緩爲繟不迫切也

惟不厭是以不厭是以聖人自知不自見自愛
不自貴故去彼取此
勇於敢則殺勇於不敢則活此兩者或利或害天
之所惡孰知其故是以聖人猶難之天之道不
爭而善勝不言而善應不召而自來繟音坦然而
善謀天網恢恢踈而不失
民不畏死柰何以死懼之若使民常畏死而爲奇
者吾得執而殺之孰敢常有司殺者夫代司殺
者是謂代大匠斲夫代大匠斲者希有不傷手

矣 以上三章寫慈

民之饑以其上食稅之多是以饑民之難治以其上之有爲是以難治民之輕死以其求生之厚是以輕死夫惟無以生爲者是賢於貴生

人之生也柔弱其死也堅强萬物草木之生也柔脆其死也枯槁故堅強者死之徒柔弱者生之徒是以兵强則不勝木强則共强大處下柔弱處上

天之道其猶張弓乎高者抑之下者舉之有餘者

損之不足者補之天之道損有餘而補不足人之道則不然損不足以奉有餘孰能有餘以奉天下唯有道者是以聖人爲而不恃功成而不處其不欲見賢

天下柔弱莫過於水而攻堅强者莫之能勝其無以易之弱之勝强柔之勝剛天下莫不知莫能行故聖人云受國之垢是謂社稷主受國之不祥是謂天下王正言若反

和大怨必有餘怨安可以爲善是以聖人執左契

而不責于人有德司契無德司徹天道無親常與善人

小國寡民使有什伯人之器而不用使民重死而不遠徙雖有舟輿無所乘之雖有甲兵無所陳之使民復結繩而用之甘其食美其服安其居樂其俗隣國相望雞犬之聲相聞民至老死不相往來

信言不美美言不信善者不辯辯者不善知者不博博者不知聖人不積既以爲人已愈有既以

與人已愈多。天之道利而不害。聖人之道爲而不爭。

滙古菁華卷二十二終

文始經

非有道不可言不可言卽道非有道不可思不可思卽道天物怒流人事錯錯然若若乎回也戞（音軋）戞乎鬬也勿勿乎似而非也而爭之而介之而哯（音現）之而嘖之而去之而要之言之如吹影思之如鏤塵聖智造迷鬼神不識惟不可爲不可致不可測不可分故曰天曰命曰神曰玄合曰道

無一物非天無一物非命無一物非神無一物非玄物既如此人豈不然人皆可曰天人皆可曰神人皆可致命通玄不可彼天此非天彼神此非神彼命此非命彼玄此非玄是以善吾道者卽一物中知天盡神致命造玄學之徇異名析同實得之契同實忘異名

觀道者如觀水以觀沼為未足則之河之江之海曰水至也殊不知我之津液涎淚皆水道無人聖人不見甲是道乙非道道無我聖人不見已

送一本作迭

進道已退道一本連文下讀似是

以不有道故不無道以不得道故不失道

不知道妄意卜者如射覆盂高之存金存玉中之

存角存羽卑之存瓦存石是乎非是乎惟置物

者知之

一陶能作萬器終無有一器能作陶者能害陶者

一道能作萬物終無有一物能作道者能害道

者

道茫茫而無知乎心儻儻而無羈乎物送送而無

非乎電之逸乎沙之飛乎聖人以知心一物一道一三者又合爲一不以一格不一不以不一害一

以盆爲沼以石爲島魚環游之不知其幾千萬里而不窮也夫何故水無源無歸聖人之道本無首末無尾所以應物不窮

無愛道愛者水也無觀道觀者火也無逐道逐者木也無言道言者金也無思道思者土也惟聖人不離本情而登大道心既未萌道亦假之

方術之在天下多矣或尚晦或尚明或尚强或尚
弱執之皆事不執之皆道
道終不可得彼可得者名德不名道道終不可行
彼可行者名行不名道聖人以可得可行者所
以善吾生以不可得不可行者所以善吾死
聞道之後有所爲有所執者所以之人無所爲無
所執者所以之天爲者必敗執者必失故聞道
於朝可死於夕
一情冥爲聖人一情善爲賢人一情惡爲小人一

情寘者自有之無不可得而示一情善惡者自無起有不可得而秘一情善惡爲有知惟動物有之一情寘者爲無知溥天之下道無不在

勿以聖人力行不怠則曰道以勤成勿以聖人堅守不易則曰道以執得聖人力行猶之發矢因彼而行我不自行聖人堅守猶之握矢因彼而守我不自守

若以言行學識求道互相展轉無有得時知言如泉鳴知行如禽飛知學如櫛(音結)影知識如計夢

一息不存道將來契、

以事建物則難以道弃物則易天下之物無不成之難而壞之易、

兩人射相遇則巧拙見兩人奕相遇則勝負見兩人道相遇則無可示無可示者無巧無拙無勝無負、

吾道如處暗夫處明者不見暗中一物而處暗者能見明中區事、

天地雖大有色有形有數有方吾有非色非形非

數非方而天天地地者存

天非自天有爲天者地非自地有爲地者譬如屋宇舟車待人而成彼不自成知彼有待知此無待上不見天下不見地內不見我外不見人

天地寓萬物寓我寓道寓苟離于寓道亦不立

聖人之治天下不我賢愚故因人之賢而賢之因人之愚而愚之不我是非故因事之是而是之因事之非而非之知古今之大同故或先古或先今知內外之大同故或先內或先外天下之

物無得以累之故本之以謙天下之物無得以外之故含之以虛天下之物無得以難之故行之以易天下之物無得以窒之故變之以權以此中天下可以制禮以此和天下可以作樂以此公天下可以理財以此周天下可以禦侮以此因天下可以立法以此觀天下可以制器聖人不以一已治天下而以天下治天下天下歸功於聖人聖人任功於天下所以堯舜禹湯之治天下天下皆曰自然

天無不覆有生有殺而天無愛惡日無不照有妍有醜而日無厚薄

聖人之道天命非聖人能自道聖人之德時符非聖人能自德聖人之事人爲非聖人能自事是以聖人不有道不有德不有事

聖人知我無我故同之以仁知事無我故權之以義知心無我故戒之以禮知識無我故照之以智知言無我故守之以信

聖人之道或以仁爲仁或以義爲仁或以禮以智

以信爲仁仁義禮智信各兼五者聖人一之不膠天下名之不得

勿以行觀聖人道無蹟勿以言觀聖人道無言勿以能觀聖人道無爲勿以貌觀聖人道無形

道無作以道應世者是事非道道無方以道寓物者是物非道聖人竟不能出道以示人

在已無居形物自著其動若水其靜若鏡其應若響芒乎若亡寂乎若清同焉者和得焉者失未嘗先人而嘗隨人

渾乎洋乎游太初乎時金已時玉已時糞已時土已時翔物時逐物時山物時淵物端乎權乎狂乎愚乎

人之善琴者有悲心則聲悽悽然有思心則聲遲遲然有怨心則聲回回然有慕心則聲斐斐然所以悲思怨慕者非手非竹非絲非桐得之心符之手得之手符之物人之有道者莫不中道聖人以有言有爲有思者所以同乎人未嘗言未嘗爲未嘗思者所以異乎人

所謂聖人之道者胡然子子爾胡然徹徹爾胡然

唐唐爾胡然臧臧爾惟其能徧偶萬物而無一

物能偶之故能貴萬物

雲之卷舒禽之飛翔皆在虗空中所以變化不窮

聖人之道則然

聖人能神神而不神于神役萬物而執其機可以

會之可以散之可以禦之曰應萬物其心寂然

無一心五識並馳心不可一無虗心五行皆具心

不可虛無静心萬化密移心不可静借能一則

三偶之借能虛則實滿之借能靜則動揺之惟
聖人能歛萬有於一息無有一物可役吾之明
徹散一息於萬有無有一物可間吾之云爲
火千年俄可滅識千年俄可去
流者舟也所以流之者是水非舟運者車也所以
運之者是牛非車思者心也所以思之者是意
非心不知所以然而然惟不知所以然而然故
其來無從其往無在其來無從其往無在故能
與天地本原不古不今

知心無物則知物無物知物物無物則知道無物知道無物故不尊卓絕之行不驚微妙之言

物我交心生兩木摩火生不可謂之在我不可謂之在彼不可謂之非我不可謂之非彼執而彼我之則愚

無恃尔所謂利害是非尔所謂利害是非者果得利害是非之乎聖人方且不識不知而況於尔

夜之所夢或長於夜心無時生於齊者心之所見皆齊國也既而之宋之魏之晉之梁心之所存

各異心無方

善弓者師弓不師羿善舟者師舟不師奡善心者

師心不師聖

是非好醜成敗盈虛造物者運矣皆因私識執之而有於是以無遺之猶存以非有非無遺之猶存無曰莫莫爾無曰渾渾爾猶存譬猶昔游再到記憶宛然此不可忘不可遺善去識者變識為智變識為智之說汝知之乎曰想如思鬼心慄思盜心怖曰識如認黍為稷認玉為石者浮

游罔象無所底止譬觀奇物生奇物想生奇物
識此想此識根不在我譬如今日今日而已至
於來日想識殊未可卜及至來日紛紛想識皆
緣有生曰想曰識譬犀望月月形入角特因識
生始有月形而彼真月初不在角胷中之天地
萬物亦然知此說者外不見物內不見情
物生於土終變於土事生於意終變於意知夫惟
意則俄是之俄非之俄善之俄惡之意有變心
無變意有覺心無覺惟一我心則意者塵往來

爾事者歘（音標）起滅爾吾心有大常者存

情生於心心生於性情波也心流也性水也來于我者如石火頃以性受之則心不生物浮浮然賢愚真僞有識者有不識者彼雖有賢愚彼雖有真僞而謂之賢愚真僞者繫我之識知夫皆識所成故雖真者亦僞之

心感物不生心生情物交心不生物物生識物尚非真何況於識識尚非真何況於情而彼妄人於至無中執以爲有於至變中執以爲常一情認

炁一本作氣

之積爲萬情萬情認之積爲萬物物來無窮我心有際故我之良心受制於情我之本情受制於物可使之去可使之來而彼去來初不在我造化役之固無休息殊不知天地雖大能役有形而不能役無形陰陽雖妙能役有氣而不能役無氣心之所之則氣從之氣之所之則形應之猶如太虛於一炁中變成萬物而彼一炁不名太虛我之一心能變爲氣能變爲形而我之心無氣無形知夫我之一心無氣無形則天地

陰陽不能役之
目視雕琢者明愈傷耳聞交響者聰愈傷心思玄
妙者心愈傷
勿以我心揆彼當以彼心揆彼知此說者可以周
事可以行德可以貫道可以交人可以忘我
天下之理小不制而至於大大不制而至於不可
制故能制一情者可以成德能忘一情者可以
契道
聖人御物以心攝心以性則心同造化五行亦不

可拘
大言不能言大智不能思
尚自不見我將何爲我所
形可分可合可延可隱一夫一婦可生二子形可
分一夫一婦二人成一子形可合食巨勝則壽
形可延夜無月火人不見我形可隱以一炁生
萬物猶棄髮可換所以分形以一炁合萬物猶
破唇可補所以合形以神存炁以炁存形所以
延形合形於神合神於無所以隱形汝欲知之

乎汝欲爲之乎

無有一物不可見則無一物非吾之見無有一物不可聞則無一物非吾之聞五物可以養形無一物非吾之形五味可以養氣無一物非吾之氣是故吾之形氣天地萬物

目自觀目無色耳自聽耳無聲舌自嘗舌無味心自揆心無物衆人逐於外賢人執於內聖人皆僞之

我身五行之炁而五行之炁其性一物借如一所

可以取水可以取火可以生木可以凝金可以變土其性含攝元無差殊故羽蟲盛者毛蟲不育毛蟲盛者鱗蟲不育知五行互用者可以忘我

枯龜無我能見大知磁石無我能見大力鐘鼓無我能見大音舟車無我能見遠行故我一身雖有智有力有行有音未嘗有我

蜮(音域)射影能斃我知夫無知者亦我則溥天之下我無不在

心憶者猶忘飢心忿者猶忘寒心養者猶忘病心激者猶忘痛苟吸炁以養其和孰能飢之存神以滋其暖孰能寒之養五藏以五行則無傷也孰能病之歸五藏於五行則無知也孰則痛之

人無以無知無爲者爲無我雖有知有爲不害其爲無我譬如火也躁動不停未嘗有我

萬物變遷雖互隱見炁一而已惟聖人知一而不化

爪之生髮之長榮衛之行無頃刻止衆人皆見之

於著不能見之於微聖人任化所以不化天下之理是或化爲非非或化爲是恩或化爲讐讐或化爲恩是以聖人居常慮變

古之善揲著灼龜者能於今中示古古中示今高中示下下中示高小中示大大中示小一中示多多中示一人中示物物中示人我中示彼彼中示我是道也其來無今其往無古其高無蓋其低無載其大無外其小無內其外無物其內無人其近無我其遠無彼不可析不可合不可

喻不可思惟其渾淪所以爲道

水潛故蘊爲五精火飛故達爲五臭木茂故華爲五色金堅故實爲五聲土和故滋爲五味其常五其變不可計其物五其雜不可計然則萬物在天地間不可執謂之萬不可執謂之五不可執謂之一不可執謂之非萬不可執謂之非五不可執謂之非一或合之或離之以此必形以此必數以此必氣徒自勞尒物不知我我不知物

智之極者知智果不足以周物故愚辯之極者知辯果不足以喻物故訥勇之極者知勇果不足以勝物故怯

天地萬物無一物是吾之物物非我物不得不應我非我我不得不養雖應物未嘗有物雖養我未嘗有我勿曰外物然後外我勿曰外形然後外心道一而已不可序進

諦（音睇）毫末者不見天地之大審小音者不聞雷霆之聲見大者亦不見小見邇者亦不見遠聞大

者亦不聞小聞邇者亦不聞遠聖人無所見故
能無不見無所聞故能無不聞

函堅則物必毀之剛斯折矣刀利則物必摧之銳
斯挫矣威鳳以難見為神是以聖人以深為根
走麝以遺香不捕是以聖人以約為紀

𣗥之以誠行之以簡待之以恕應之以默吾道不
窮

謀之於事斷之於理作之於人成之於天事師於
今理師於古事同於人道獨於己

圓尔道，方尔德，平尔行，銳尔事。

滙古菁華卷二十三終

滙古菁華卷二十四

南華經

逍遥遊（遊謂心與天遊也逍遥者汗漫自適之義此篇極意形容令人展拓胸次空諸所有一切不爲世故所累然後可進於道與鳶飛魚躍意同）

北冥有魚其名爲鯤鯤之大不知其幾（上聲）千里也化而爲鳥其名爲鵬鵬之背不知其幾千里也怒而飛其翼若垂天之雲是鳥也海運則將徙於南冥南冥者天池也齊諧者志恠者也諧之言曰鵬之徙於南冥也水擊三千里搏（音團）扶摇

而上者九萬里去以六月息者也野馬也塵埃也生物之以息相吹也天之蒼蒼其正色邪其遠而無所至極邪其視下也亦若是則已矣且夫水之積也不厚則負大舟也無力覆杯水於坳(音凹)堂之上則芥爲之舟置杯焉則膠水淺而舟大也風之積也不厚則其負大翼也無力故九萬里則風斯在下矣而後乃今培風背負青天而莫之夭閼(音烏)者而後乃今將圖南蜩(音條)與鷽(音學)鳩笑之曰我決(音血)起而飛搶(音鏘)榆(音俞)枋(音方)

時則不至而控於地而已矣奚以之九萬里而南爲適莽蒼者三飡而反腹猶果然適百里者宿舂糧適千里者三月聚糧之二蟲又何知小知不及大知小年不及大年奚以知其然也朝菌音窘不知晦朔蟪音惠蛄音孤不知春秋此小年也楚之南有冥靈者以五百歲爲春五百歲爲秋上古有大椿者以八千歲爲春八千歲爲秋而彭祖乃今以久特聞衆人匹之不亦悲乎湯之問棘也是已窮髮之北有冥海者天池也有魚

焉其廣數千里未有知其修者其名爲鯤有鳥焉其名爲鵬背若泰山翼若垂天之雲摶扶搖羊角而上者九萬里絕雲氣負青天然後圖南且適南冥也斥鴳音晏笑之曰彼且奚適也我騰躍而上也不過數仞而下翱翔蓬蒿之間此亦飛之至也而彼且奚適也此小大之辨也故夫知效一官行比一鄉德合一君而徵一國者其自視也亦若此矣而宋榮子猶然笑之且舉世譽之而不加勸舉世非之而不加沮定乎內外

之分辨乎榮辱之境斯已矣彼其於世未數數然也雖然猶有未樹也夫列子御風而行泠音零然善也旬有五日而後反彼於致福者未數數然也此雖免乎行猶有所待者也若夫乘天地之正而御六氣之辨以遊無窮者彼且惡乎待哉故曰至人無己神人無功聖人無名堯讓天下於許由曰日月出矣而爝火不息其於光也不亦難乎時雨降矣而猶浸灌其於澤也不亦勞乎夫子立而天下治而我猶尸之吾自視缺

然請致天下許由曰子治天下天下既已治矣而我猶代子吾將爲名乎名者實之賓也吾將爲賓乎鷦(音焦)鷯(音僚)巢於深林不過一枝偃鼠飲河不過滿腹歸休乎君予無所用天下爲庖人雖不治庖尸祝不越樽俎而代之矣肩吾問於連叔曰吾聞言於接輿大而無當往而不反吾驚怖其言猶河漢而無極也大有逕庭不近人情焉連叔曰其言謂何哉曰藐姑射(音亦)之山有神人居焉肌膚若冰雪淖(音綽)約若處子不食五

穀吸風飲露乘雲氣御飛龍而遊乎四海之外其神凝使物不疵癘音厲而年穀熟吾以是狂誑同而不信也連叔曰然瞽者無以與乎文章之觀聾者無以與乎鐘鼓之聲豈惟形骸有聾盲哉夫知亦有之是其言也猶時女音汝也之人也之德也將旁礴音薄萬物以爲一世蘄乎亂孰弊弊焉以天下爲事之人也物莫之傷大浸稽天而不溺大旱金石流土山焦而不熱是其塵垢秕糠將猶陶鑄堯舜者也孰肯以物爲事宋人資

章甫而適諸越越人斷髮文身無所用之堯治天下之民平海內之政往見四子藐姑射之山汾水之陽窅音鳥然喪其天下焉惠子謂莊子曰魏王貽我大瓠之種我樹之成而實五石以盛水漿其堅不能自舉也剖之以爲瓢則瓠落無所容非不呺音謞然大也吾爲其無用而掊之莊子曰夫子固拙於用大矣宋人有善爲不龜音折手之藥者世世以洴澼絖爲事客聞之請買其方百金聚族而謀曰我世世爲洴音平澼音僻絖音曠

不過數金今一朝而鬻技百金請與之客得之以說吳王越有難吳王使之將冬與越人水戰大敗越人裂地而封之能不龜手一也或以封或不免於洴澼絖則所用之異也今子有五石之瓠何不慮以為大樽而浮於江湖而憂其瓠落無所容則夫子猶有蓬之心也夫惠子謂莊子曰吾有大樹人謂之樗（音舒）其大本擁腫而不中繩墨其小枝卷（音權）曲而不中規矩立之塗匠者不顧今子之言大而無用衆所同去（上声）也莊

子曰子獨不見狸狌（音星）乎卑身而伏以候敖（音遨）者東西跳梁不避高下中於機辟死於罔罟今夫斄（音狸）牛其大若垂天之雲此能爲大矣而不能執鼠今子有大樹患其無用何不樹之於無何有之鄉廣莫之野彷徨乎無爲其側逍遥乎寢卧其下不夭斤斧物無害者無所可用安所困苦哉

齊物論（欲齊一天下之物論必觀諸未始有物之先）

子游曰地籟則衆竅是已人籟則比（音毗）竹是已敢

問天籟子綦曰夫吹萬不同而使其自已也咸其自取怒者其誰邪

大知閑閑小知閒閒大言炎炎小言詹詹其寐也魂交其覺(音教)也形開與接爲搆日以心鬬縵(音慢)者窖(音教)者密者小恐惴惴大恐縵縵其發若機栝其司是非之謂也其留如詛(音祖)盟其守勝之謂也其殺如秋冬以言其日消也其溺之所爲之不可使復之也其厭也如緘以言其老洫也近死之心莫使復陽也

一受其成形不忘以待盡與物相刃相靡其行盡如馳而莫之能止不亦悲乎終身役役而不見其成功薾（音涅）然疲役而不知其所歸可不哀邪人謂之不死奚益其形化其心與之然可不謂大哀乎人之生也固若是芒乎其我獨芒而人亦有不芒者乎

古之人其知有所至矣惡乎至有以爲未始有物者至矣盡矣不可以加矣其次以爲有物矣而未始有封也其次以爲有封焉而未始有是非

也是非之彰也道之所以虧也道之所以虧愛之所以成果且有成與虧乎哉果且無成與虧乎哉

有成與虧故昭氏之鼓琴也無成與虧故昭氏之不鼓琴也昭文之鼓琴也師曠之枝策也惠子之據梧也三子之知幾乎皆其盛者也故載之末年惟其好之也以異於彼其好之也欲以明之彼非所明而明之故以堅白之昧終而其子又以文之綸終終身無成若是而可謂成乎雖

我亦成也若是而不可謂成乎物與我無成也
是故滑疑之耀聖人所圖也爲是不用而寓諸
庸此之謂以明
六合之外聖人存而不論六合之內聖人論而不
議春秋經世先王之志聖人議而不辨故分也
者有不分也辨也者有不辨也曰何也聖人懷
之衆人辨之以相示也故曰辨也者有不見也
夫大道不稱大辯不言大仁不仁大廉不嗛音謙大
勇不忮道昭而不道言辯而不及仁常而不成

廉清而不信勇忮而不成五者园（音刓）而幾向方

矣故知止其所不知至矣孰知不言之辯不道

之道若有能知此之謂天府注焉而不滿酌焉

而不竭而不知其所由來此之謂葆（音保）光

故昔者堯問於舜曰我欲伐宗膾胥敖南面而不

釋然其故何也舜曰夫三子者猶存乎蓬艾之

間若不釋然何哉昔者十日並出萬物皆照而

況德之進於日者乎

齧（音臬）缺問乎王倪曰子知物之所同是乎曰吾惡

乎知之子知子之所不知邪曰吾惡乎知之然
則物無知邪曰吾惡乎知之雖然嘗試言之庸
詎知吾所謂知之非不知邪庸詎知吾所謂不
知之非知邪且吾嘗試問乎汝民溼音濕寢則腰
疾偏死鰌音秋然乎哉木處則惴慄恂音荀懼猨音爰
猴然乎哉三者孰知正處民食芻豢音患麋鹿食
薦蝍音卽蛆音疽甘帶鴟鴉耆鼠四者孰知正味猨
偏狙以為雌麋與鹿交鰌與魚遊毛嫱音祥麗姬
人之所美也魚見之深入鳥見之高飛麋鹿見

之決驟四者孰知天下之正色哉自我觀之仁義之端是非之塗樊然殽亂吾惡能知其辯齧缺曰子不知利害則至人固不知利害乎王倪曰至人神矣大澤焚而不能熱河漢沍而不能寒疾雷破山風振海而不能驚若然者乘雲氣騎日月而遊乎四海之外死生無變於已而況利害之端乎

瞿鵲子問乎長梧子曰吾聞諸夫子聖人不從事於務不就利不違害不喜求不緣道無謂有謂

有謂無謂而遊乎塵垢之外夫子以爲孟浪之言而我以爲妙道之行也吾子以爲奚若長梧子曰是黃帝之所聽熒也而丘也何足以知之且汝亦大早計見卵而求時夜見彈而求鴞炙予嘗爲汝妄言之汝以妄聽之奚旁日月挾宇宙爲其脗合置其滑涽音昏以隸相尊衆人役役聖人愚芚音屯參萬歲而一成純萬物盡然而以是相蘊予惡乎知悅生之非惑邪予惡乎知惡死之非弱喪而不知歸者邪麗之姬艾封人之

子也晉國之始得之也涕泣沾襟及其至於王所與王同匡牀食芻豢而後悔其泣也予惡乎知夫死者不悔其始之蘄生乎夢飲酒者旦而哭泣夢哭泣者旦而田獵方其夢也不知其夢也夢之中又占其夢焉覺而後知其夢也且有大覺而後知此其大夢也而愚者自以爲覺竊竊然知之君乎牧乎固哉丘也與汝皆夢也予謂汝夢亦夢也是其言也其名爲弔(音的)詭萬世之後而一遇大聖知其解者是旦暮遇之也

養生主（養我生之主神不傷而長存也主即禪家所謂主人公者）

吾生也有涯而知也無涯以有涯隨無涯殆已已而爲知者殆而已矣爲善無近名爲惡無近刑緣督以爲經可以保身可以全生可以養親可以盡年庖丁爲文惠君解牛手之所觸肩之所倚足之所履膝之所踦（音倚）砉（音畫）然嚮（音享）然奏刀騞（音麥）然莫不中音合於桑林之舞乃中經首之會文惠君曰譆善哉技蓋至此乎庖丁釋刀對曰臣之所好者道也進乎技矣始臣之解牛之

時所見無非牛者三年之後未嘗見全牛也方今之時臣以神遇而不以目視官知止而神欲行依乎天理批大郤(音却)導大窾(音款)因其固然技經肯綮之未嘗而況大軱(音孤)乎良庖歲更刀割也族庖月更刀折也今臣之刀十九年矣所解數千牛矣而刀刃若新發於硎(音刑)彼節者有閒而刀刃者無厚以無厚入有閒恢恢乎其於遊刃必有餘地矣是以十九年而刀刃若新發於硎雖然每至於族吾見其難爲怵然爲戒視爲

止行爲遲動刀甚微謋(音獲)然已解如土委地提刀而立爲之四顧爲之躊(音儔)躇(音除)滿志善刀而藏之文惠君曰善哉吾聞庖丁之言得養生焉

公文軒見右師而驚曰是何人也惡乎介也天與其人與曰天也非人也天之生是使獨也人之貌有與也以是知其天也非人也澤雉十步一啄百步一飲不蘄畜乎樊中神雖王不善也

老聃死秦失弔之三號而出弟子曰非夫子之友邪曰然然則弔焉若此可乎曰然始也吾以

其爲人也而今非也向吾入而弔焉有老者哭之如哭其子少者哭之如哭其母彼其所以會之必有不蘄言而言不蘄哭而哭者是遁天倍情忘其所受古者謂之遁天之刑適來夫子時也適去夫子順也安時而處順哀樂不能入也古者謂是帝之懸解指窮於薪火傳也不知其盡也

人間世　居人間處世之道

顏回見仲尼請行曰奚之曰將之衛曰奚爲焉曰

回聞衛君其年壯其行獨輕用其國而不見其過輕用民死死者以國量乎澤若蕉民其無如矣回嘗聞之夫子曰治國去之亂國就之醫門多疾願以所聞思其則庶幾其國有瘳乎仲尼曰譆若殆往而刑耳夫道不欲雜雜則多多則擾擾則憂憂而不救古之至人先存諸已而後存諸人所存於已者未定何暇至於暴人之所行且若亦知夫德之所蕩而知之所爲出乎哉德蕩乎名知出乎爭名也者相軋音壓也知也者

爭之器也二者凶器非所以盡行也且德厚信矼（音剛）未達人氣名聞不爭未達人心而强以仁義繩墨之言術暴人之前者是以人惡有其美也命之曰菑人菑人者人必反菑之若殆爲人菑夫且苟爲悅賢而惡不肖惡用而求有以異若唯無詔王公必將乘人而鬬其捷而目將熒之而色將平之口將營之容將形之心且成之是以火救火以水救水名之曰益多順始無窮若殆以不信厚言必死於暴人之前矣

然則我內直而外曲成而上比內直者與天爲徒與天爲徒者知天子之與已皆天之所子而獨以已言蘄乎而人善之蘄乎而人不善之邪若然者人謂之童子是之謂與天爲徒外曲者與人之爲徒也擎拳曲跽（音計）人臣之禮也人皆爲之吾敢不爲耶爲人之所爲者人亦無疵焉是之謂與人爲徒成而上比者與古爲徒其言雖教讁之實也古之有也非吾有也若然者雖直而不爲病是之謂與古爲徒若是則可乎仲尼

曰惡惡可太多政法而不諜音迭雖固亦無罪雖
然止是耳矣夫胡可以及化猶師心者也
顏回曰吾無以進矣敢問其方仲尼曰齋吾將語
若有而爲之其易耶易之者皡天不宜顏回曰
回之家貧唯不飲酒不茹葷者數月矣若此則
可以爲齋乎曰是祭祀之齋非心齋也回曰敢
問心齋仲尼曰一若志無聽之以耳而聽之以
心無聽之以心而聽之以氣聽止於耳心止於
符氣也者虛而待物者也唯道集虛虛者心齋

也

顔回曰回之未始得使實自回也得使之也未始有回也可謂虛乎夫子曰盡矣吾語若若能入遊其樊而無感其名入則鳴不入則止無門無毒一宅而寓於不得已則幾矣絕迹易無行地難爲人使易以僞爲天使難以僞聞以有翼飛者矣未聞以無翼飛者也聞以有知知者矣未聞以無知知者也瞻彼闋音缺者虛室生白吉祥止止夫且不止是之謂坐馳夫徇耳目內通而

外於心知鬼神將來舍而况人乎是萬物之化也禹舜之所紐也伏羲几蘧之所行終而况散者乎

仲尼曰天下有大戒二其一命也其一義也子之愛親命也不可解於心臣之事君義也無適而非君也無所逃於天地之間是之謂大戒是以夫事其親者不擇地而安之孝之至也夫事其君者不擇事而安之忠之盛也自事其心者哀樂不易施乎前知其不可柰何而安之若命德

之至也爲人臣子者固有所不得已行事之情而忘其身何暇至於悅生而惡死夫子其行可矣

丘請復以所聞凡交近則必相靡以信遠則必忠之以言言必或傳之夫傳兩喜兩怒之言天下之難者也夫兩喜必多溢美之言兩怒必多溢惡之言凡溢之類也妄妄則其信之也莫莫則傳言者殃故法言曰傳其常情無傳其溢言則庶幾乎全

且以巧鬬力者始乎陽常卒乎陰泰至則多奇巧以禮飲酒者始乎治常卒乎亂泰至則多奇樂凡事亦然始乎諒常卒乎鄙其作始也簡其將畢也必巨言者風波也行者實喪也夫風波易以動實喪易以危故忿設無由巧言偏辭獸死不擇音氣息茀(音佛)然於是竝生心厲尅核太至則必有不肖之心應之而不知其然也苟爲不知其然也孰知其所終故法言曰無遷令無勸成過度益也遷令勸成殆事美成在久惡成不

及攺可不愼與且夫乘物以遊心託不得已以養中至矣何作爲報也莫若爲致命此其難者

顏闔將傅衞靈公太子而問於蘧伯玉曰有人於此其德天殺與之爲無方則危吾國與之爲有方則危吾身其知適足以知人之過而不知其所以過若然者吾柰之何蘧伯玉曰善哉問乎戒之愼之正汝身哉形莫若就心莫若和雖然之二者有患就不欲入和不欲出形就而入且爲顛爲滅爲崩爲蹶心和而出且爲聲爲名爲

妖爲孽彼且爲嬰兒亦與之爲嬰兒彼且爲無町音丁畦音其亦與之爲無町畦彼且爲無崖亦與之爲無崖達之入於無疵汝不知夫螳螂乎怒其臂以當車轍不知其不勝任也是其才之美者也戒之愼之積伐而美者以犯之幾矣汝不知夫養虎者乎不敢以生物與之爲其殺之之怒也不敢以全物與之爲其決之之怒也時其饑飽達其怒心虎之與人異類而媚養己者順也故其殺者逆也夫愛馬者以筐盛矢以蜄音甚

盛溺適有蚉寅僕音朴緣而拊之不時則缺銜毀首碎胷意有所至而愛有所亡可不慎邪

大宗師　得天道而可宗可師之人遺生死矣

知天之所爲知人之所爲者至矣知天之所爲者天而生也知人之所爲者以其知之所知以養其知之所不知終其天年而不中道夭者是知之盛也雖然有患夫知有所待而後當其所待者特未定也庸詎知吾所謂天之非人乎所謂人之非天乎且有眞人而後有眞知

何謂眞人古之眞人不逆寡不雄成不謩士若然者過而弗悔當而不自得也若然者登高不慄入水不濡入火不熱是知之能登假於道也若此古之眞人其寢不夢其覺無憂其食不甘其息深深眞人之息以踵衆人之息以喉屈服者其嗌音益言若哇音蛙其耆欲深者其天機淺

古之眞人不知悅生不知惡死其出不訢其入不距翛然而往翛然而來而已矣不忘其所始不求其所終受而喜之忘而復之是之謂不以心

捐道不以人助天是之謂眞人

若然者其心志其容寂其顙頯音仇凄然似秋煖音暄然似春喜怒通四時與物有宜而莫知其極故聖人之用兵也亡國而不失人心澤施乎萬世不爲愛人故樂通物非聖人也有親非仁也天時非賢也利害不通非君子也行名失已非士也亡身不眞非役人也若狐不偕務光伯夷叔齊箕子胥餘紀他申徒狄是役人之役適人之適而不自適其適者也

古之眞人其狀義而不朋若不足而不承與乎其觚而不堅也張乎其虚而不華也邴音丙邴乎其似喜乎崔乎其不得已乎滀音蓄乎進我色也與乎止我德也厲乎其似世乎謷乎其未可制也連乎其似好閉也悗乎忘其言也以刑爲體以禮爲翼以知爲時以德爲循以刑爲體者綽乎其殺也以禮爲翼者所以行於世也以知爲時者不得已於事也以德爲循者言其與有足者至於丘也而人眞以爲勤行者也

故其好之也一其弗好之也一其一也一其不一也一其一與天爲徒其不一與人爲徒天與人不相勝也是之謂眞人死生命也其有夜旦之常天也人之有所不得與皆物之情也彼特以天爲父而身猶愛之而況其卓乎人特以有君爲愈乎已而身猶死之而況其眞乎

泉涸魚相與處於陸相呴（音吁）以濕相濡以沫不如相忘於江湖與其譽堯而非桀也不如兩忘而化其道夫大塊載我以形勞我以生佚我以老

息我以死故善吾生者乃所以善吾死也
夫藏舟於壑藏山於澤謂之固矣然而夜半有力者負之而走昧者不知也藏大小有宜猶有所遯若夫藏天下於天下而不得所遯是恒物之大情也特犯人之形而猶喜之若人之形者萬化而未始有極也其爲樂可勝計邪故聖人將遊於物之所不得遯而皆存善夭善老善始善終人猶效之又況萬物之所係而一化之所待乎

夫道有情有信無爲無形可傳而不可受可得而不可見自本自根未有天地自古以固存神鬼神帝生天生地在太極之先而不爲高在六極之下而不爲深先天地生而不爲久長於上古而不爲老豨韋氏得之以挈天地伏戲得之以襲氣毋維斗得之終古不忒日月得之終古不息堪坏音胚得之以襲崑崙馮夷得之以游大川肩吾得之以處太山黃帝得之以登雲天顓頊音蓄得之以處玄宮禺音愚强得之立乎北極西王

毋得之坐乎少廣莫知其始莫知其終彭祖得之上及有虞下及五伯傅說得之以相武丁奄有天下乘東維騎箕尾而比於列星

駢拇篇

駢拇(音母)枝指出乎性哉而侈於德附贅縣疣(音尤)出乎形哉而侈於性多方乎仁義而用之者列於五藏哉而非道德之正也是故駢於足者連無用之肉也枝於手者樹無用之指也多方駢枝於五藏之情者淫僻於仁義之行而多方於聰

明之用也是故駢於明者亂五色淫文章青黃黼黻之煌煌非乎而離朱是已多於聰者亂五聲淫六律金石絲竹黃鍾大呂之聲非乎而師曠是已枝於仁者擢德塞性以收名聲使天下簧鼓以奉不及之法非乎而曾史是已駢於辨者纍瓦結繩竄句遊心於堅白同異之間而敝跬音屑譽無用之言非乎而楊墨是已故此皆多駢旁枝之道非天下之至正也彼至正者不失其性命之情故合者不爲駢而枝者不爲跂長

者不爲有餘短者不爲不足是故鳧脛雖短續之則憂鶴脛雖長斷之則悲故性長非所斷性短非所續無所去憂也意仁義其非人情乎彼仁義何其多憂也且夫駢於拇者決之則泣枝於手者齕（音紇）之則啼二者或有餘於數或不足於數其於憂一也今世之仁人蒿目而憂世之患不仁之人決性命之情而饕（音叨）富貴故意仁義其非人情乎自三代以下者天下何其囂囂也且夫待鉤繩規矩而正者是削其性也待繩

約膠漆而固者是侵其德也屈折禮樂呴（音吁）俞
仁義以慰天下之心者此失其常然也天下有
常然常然者曲者不以鉤直者不以繩圓者不
以規方者不以矩附離不以膠漆約束不以纆
（音墨）索故天下誘然皆生而不知其所以生同焉
皆得而不知其所以得故古今不二不可虧也
則仁義又奚連連如膠漆纆索而遊乎道德之
閒爲哉使天下惑也夫小惑易方大惑易性何
以知其然耶自虞氏招仁義以撓天下也天下

莫不奔命於仁義是非以仁義易其性與故嘗試論之自三代以下者天下莫不以物易其性矣小人則以身殉利士則以身殉名大夫則以身殉家聖人則以身殉天下故此數子者事業不同名聲異號其於傷性以身爲殉一也臧與穀二人相與牧羊而俱亡其羊問臧奚事則挾筴音冊讀書問穀奚事則博塞以遊二人者事業不同其於亡羊均也伯夷死名於首陽之下盜跖死利於東陵之上二人者所死不同其於殘

生傷性均也奚必伯夷之是而盜跖之非乎天下盡殉也彼其所殉仁義也則俗謂之君子其所殉貨財也則俗謂之小人其殉一也則有君子焉有小人焉若其殘生損性則盜跖亦伯夷已又惡取君子小人於其間哉且夫屬其性乎仁義者雖通如曾史非吾所謂臧也屬其性于五味雖通如俞兒非吾所謂臧也屬其性乎五聲雖通如師曠非吾所謂聰也屬其性乎五色雖通如離朱非吾所謂明也吾所謂臧非仁義

之謂也臧於其德而已矣吾所謂臧者非所謂仁義之謂也任其性命之情而已矣吾所謂聰者非謂其聞彼也自聞而已矣吾所謂明者非謂其見彼也自見而已矣夫不自見而見彼不自得而得彼者是得人之得而不自得其得者也適人之適而不自適其適者也夫適人之適而不自適其適雖盜跖與伯夷是同爲淫僻也余愧乎道德是以上不敢爲仁義之操而下不敢爲淫僻之行也

馬蹄 用智治馬而馬失其常性用智治天下而民失其常性　通篇一意

馬蹄可以踐霜雪毛可以禦風寒齕音紇草飲水翹足而陸此馬之真性也雖有義臺路寢無所用之及至伯樂曰我善治馬燒之剔之刻之雒音洛之連之以羈馽音注編之以皁音皂棧馬之死者十二三矣饑之渴之馳之驟之整之齊之前有橛音厥飾之患而後有鞭筴音冊之威而馬之死者已過半矣陶者曰我善治埴音植圓者中規方者中矩匠人曰我善治木曲者中鉤直者應繩夫埴

木之性豈欲中規矩鉤繩哉然且世世稱之曰伯樂善治馬而陶匠善治埴木此亦治天下者之過也吾意善治天下者不然彼民有常性織而衣耕而食是謂同德一而不黨命曰天放故至德之世其行塡塡（音田）其視顛顛當是時也山無蹊隧澤無舟梁萬物羣生連屬其鄉禽獸成羣草木遂長是故禽獸可係羈而遊烏鵲之巢可攀援而闚（音窺）夫至德之世同與禽獸居族與萬物並惡乎知君子小人哉同乎無知其德不

離同乎無欲是謂素樸素樸而民性得矣及至
聖人蹩（音瞥）躠（音薛）爲仁踶（音提）跂（音其）爲義而天下始
疑矣澶（音蟬）漫爲樂摘（音則）僻爲禮而天下始分矣
故純樸不殘孰爲犧樽白玉不毀孰爲珪璋道
德不廢安取仁義性情不離安用禮樂五色不
亂孰爲文采五聲不亂孰應六律夫殘樸以爲
器工匠之罪也毀道德以爲仁義聖人之過也
夫馬陸居則食草飲水喜則交頸相靡怒則分
背相踶（音提）馬知已此矣夫加之以衡扼齊之以

月題而馬知介倪闉（音因）扼（音厄）鷙（音制）曼詭銜竊轡故馬之知而能至盜者伯樂之罪也夫赫胥氏之時民居不知所爲行不知所之含哺而熙鼓腹而遊民能已此矣及至聖人屈折禮樂以匡天下之形縣跂仁義以慰天下之心而民乃始踶跂好知爭歸於利不可止也此亦聖人之過也

胠（音祛）篋

至聖至智反爲盜資絕聖弃智天下自安通篇一意

故絕聖棄知大盜乃止擿玉毀珠小盜不起焚符

破璽而民朴鄙掊斗折衡而民不爭殫殘天下
之聖法而民始可與論議
擢亂六律鑠絶竽瑟塞瞽曠之耳而天下始人含
其聰矣滅文章散五采膠離朱之目而天下始
人含其明矣毀絶鉤繩而棄規矩攦音麗工倕音垂
之指而天下始人有其巧矣故曰大巧若拙削
曾史之行鉗楊墨之口攘棄仁義而天下之德
始玄同矣彼人含其明則天下不鑠矣人含其
聰則天下不累矣人含其知則天下不惑矣人

含其德則天下不僻矣彼曾史楊墨師曠工倕離朱者皆外立其德而以爚（音約）亂天下者也法之所無用也

子獨不知至德之世乎昔者容成氏大庭氏伯皇氏中央氏栗陸氏驪畜氏軒轅氏赫胥氏尊盧氏祝融氏伏戲氏神農氏當是時也民結繩而用之甘其食美其服樂其俗安其居鄰國相望雞狗之音相聞民至老死而不相往來若此之時則至治已今遂至使民延頸舉踵曰某所有

賢者羸糧而趣之則内棄其親而外去其主之事足跡接乎諸侯之境車軌結乎千里之外則是上好知之過也上誠好知而無道則天下大亂矣

何以知其然耶夫弓弩畢弋機變之知多則鳥亂於上矣鉤餌網罟罾笱之知多則魚亂於水矣削格羅落罝罘之知多則獸亂於澤矣知詐漸毒頡滑堅白解垢同異之變多則俗惑於辯矣故天下每每大亂罪在於好知

在宥以至道全身以無爲治天下則我得長生之秘人安性命之情矣因民情有遷故法未嘗廢雖有爲而實無爲也

故君子不得已而臨蒞天下莫若無爲無爲也而後安其性命之情故貴以身於爲天下則可以託天下愛以身於爲天下則可以寄天下故君子苟能無解其五藏無擢其聰明尸居而龍見淵嘿而雷聲神動而天隨從容無爲而萬物炊累焉吾又何暇治天下哉

崔瞿問於老聃曰不治天下安臧人心老聃曰汝

慎無攖人心人心排下而進上上下囚殺淖(音綽)約柔乎剛强廉劌(音遂)雕琢其熱焦火其寒凝冰其疾俛仰之間而再撫四海之外其居也淵而靜其動也縣而天僨驕而不可係者其唯人心乎

昔者黃帝始以仁義攖人之心堯舜於是乎股無胈(音跋)脛無毛以養天下之形愁其五藏以爲仁義矜其血氣以規法度然猶有不勝也堯於是放讙兜於崇山投三苗於三峗(音危)流共工於幽

都此不勝天下也夫施及三王而天下大駭矣

下有桀跖上有曾史而儒墨畢起於是乎喜怒

相疑愚知相欺善否相非誕信相譏而天下衰

矣大德不同而性命爛漫矣天下好知而百姓

求竭矣

於是乎釿(音斤)鋸(音句)制焉繩墨殺焉椎鑿決焉天下

脊(音籍)脊大亂罪在攖人心故賢者伏處大山嵁

岩之下而萬乘之君憂慄乎廟堂之上今世殊

死者相枕也桁楊者相推也刑戮者相望也而

儒墨乃始離跂攘臂乎桎(音至)梏(音哭)之閒噫甚矣哉其無愧而不知恥也甚矣吾未知聖知之不爲桁楊椄槢(音習)也仁義之不爲桎梏鑿枘(音訥)也焉知曾史之不爲桀跖嚆(音蒿)矢也故曰絕聖棄知而天下大治

至道之精窈窈冥冥至道之極昏昏默默無視無聽抱神以靜形將自正必靜必淸無勞汝形無搖汝精乃可以長生目無所見耳無所聞心無所知汝神將守形形乃長生(此一段係廣成子對黃帝之問)

彼其物無窮而人皆以爲終彼其物無測而人皆以爲極得吾道者上爲皇而下爲王失吾道者上見光而下爲土今夫百昌皆生於土而反於土故余將去汝入無窮之門以遊無極之野吾與日月參光吾與天地爲常當我緡乎遠我昏乎人其盡死而我獨存乎

鴻蒙曰噫心養汝徒處無爲而物自化墮爾形體吐爾聰明倫與物忘大同乎涬音幸溟解心釋神莫然無魂萬物芸芸各復其根各復其根而不

知渾渾沌（音屯）沌終身不離若彼知之乃是離之

無問其名無闚其情物固自生

天地（道本自然因人而治是謂至治順性而修是謂至德在去智與累而已）

天地雖大其化均也萬物雖多其治一也人卒雖衆其主君也君原於德而成於天故曰玄古之君天下無爲也天德而已矣

以道觀言而天下之君正以道觀分而君臣之義明以道觀能而天下之官治以道汎觀而萬物之應備故通於天地者德也行於萬物者道也

上治人者事也能有所藝者技也技兼於事事兼於義義兼於德德兼於道道兼於天

若然者藏金於山藏珠於淵不利貨財不近富貴不樂壽不哀夭不榮通不醜窮不拘一世之利以爲已私分不以王天下爲已處顯顯則明萬物一府死生同狀

夫子曰夫道淵乎其居也漻乎其清也金石不得無以鳴故金石有聲不考不鳴萬物孰能定之

夫王德之人素逝而恥通於事立之本原而知通

於神故其德廣其心之出有物採之故形非道不生生非德不明存形窮生立德明道非王德者邪蕩蕩乎忽然出勃然動而萬物從之乎此之謂王德之人

視乎冥冥聽乎無聲冥冥之中獨見曉焉無聲之中獨聞和焉故深之又深而能物焉神之又神而能精焉故其與萬物接也至無而供其求時騁而要其宿大小長短脩作近遠

黃帝遊乎赤水之北登乎崑崙之丘而南望還歸

遺其玄珠使知索之而不得使離朱索之而不得使喫詬（音姤）索之而不得也乃使象罔象罔得之黃帝曰異哉象罔乃可以得之乎

堯之師曰許由許由之師曰齧缺齧缺之師曰王倪王倪之師曰被衣堯問於許由曰齧缺可以配天乎吾藉王倪以要之許由曰殆哉圾（音岌）乎天下齧缺之爲人也聰明睿智給數以敏其性過人而又乃以人受天彼審乎禁過而不知過之所由生與之配天乎彼且乘人而無天方且

本身而異形方且尊知而火馳方且爲緒使方且爲物絯（音該）方且四顧而物應方且應衆宜方且與物化而未始有恒夫何足以配天乎雖然有族有祖可以爲衆父而不可以爲衆父父治亂之率也北面之禍也南面之賊也

堯觀乎華華封人曰嘻聖人請祝聖人使聖人壽堯曰辭使聖人富堯曰辭使聖人多男子堯曰辭封人曰富壽多男子人之所欲也汝獨不欲何邪堯曰多男子則多懼富則多事壽則多辱

是三者非所以養德也故辭封人曰始也我以汝爲聖人邪今然君子也天生萬民必授之職多男子而授之職則何懼之有富而使人分之則何事之有夫聖人鶉居而鷇音寇食鳥行而無彰天下有道則與物皆昌天下無道則修德就閒千歲厭世去而上僊乘彼白雲至於帝鄉三患莫至身常無殃則何辱之有封人去之堯隨之曰請問封人曰退已

堯治天下伯成子高立爲諸侯堯授舜舜授禹伯

成子高辭爲諸侯而耕禹往見之則耕在野禹趨就下風立而問焉曰昔堯治天下吾子立爲諸侯堯授舜舜授予而吾子辭爲諸侯而耕敢問其故何也子高曰昔堯治天下不賞而民勸不罰而民畏今子賞罰而民且不仁德自此衰刑自此立後世之亂自此始矣夫子闔行邪無落吾事俋音秩俋乎耕而不顧

有機械者必有機事有機事者必有機心機心存於胷中則純白不備純白不備則神生不定神

生不定者道之所不載也

至德之世不尚賢不使能上如標枝民如野鹿端正而不知以爲義相愛而不知以爲仁實而不知以爲忠當而不知以爲信蠢動而相使不以爲賜是故行而無迹事而無傳

天道 明君道之無爲

天道運而無所積故萬物成帝道運而無所積故天下歸聖道運而無所積故海内服明於天通於聖六通四辟於帝王之德者其自爲也昧然

無不靜者矣聖人之靜也非曰靜也善故靜也萬物無足以鐃心者故靜也水靜則明燭鬚眉平中准大匠取法焉水靜猶明而況精神聖人之心靜乎天地之鑒也萬物之鏡也

夫虛靜恬淡寂寞無爲者天地之平而道德之至故帝王聖人休焉休則虛虛則實實者倫矣虛則靜靜則動動則得矣靜則無爲無爲也則任事者責矣無爲則俞俞俞俞者憂患不能處年壽長矣夫虛靜恬淡寂寞無爲者萬物之本也

明此以南鄉堯之爲君也明此以北面舜之爲臣也以此處上帝王天子之德也以此處下玄聖素王之道也以此退居而閒游江海山林之士服以此進爲而撫世則功大名顯而天下一也

故曰知天樂者其生也天行其死也物化靜而與陰同德動而與陽同波故知天樂者無天怨無人非無物累無鬼責故曰其動也天其靜也地一心定而王天下其鬼不祟其魂不疲一心定

而萬物服言以虛靜推於天地通於萬物此之
謂天樂天樂者聖人之心以畜天下也
夫帝王之德以天地爲宗以道德爲主以無爲爲
常無爲也則用天下而有餘有爲也則爲天下
用而不足故古之人貴夫無爲也上無爲也下
亦無爲也是下與上同德下與上同德則不臣
下有爲也上亦有爲也是上與下同道上與下
同道則不主上必無爲而用天下下必有爲爲
天下用此不易之道也

故古之王天下者知雖落天地不自慮也辯雖彫萬物不自悅也能雖窮海内不自為也天不産而萬物化地不長而萬物育帝王無為而天下功故曰莫神於天莫富於地莫大於帝王故曰帝王之德配天地此乘天地馳萬物而用人羣之道也

士成綺鴈行避影履行遂進而問修身若何老子曰而容崖然而目衝然而顙頯頯音葵然而口闞音汗然而状義然似繫馬而止也動而持發也機察

而審知巧而覩於泰凡以爲不信邉竟有人焉
其名爲竊
桓公讀書於堂上輪扁斲輪於堂下釋椎鑿而上
問桓公曰敢問公之所讀者何言邪公曰聖人
之言也曰聖人在乎公曰已死矣曰然則君之
所讀者古人之糟粕已夫桓公曰寡人讀書輪
人安得議之有說則可無說則死輪扁曰臣也
以臣之事觀之斲輪徐則甘而不固疾則苦而
不入不徐不疾得之於手而應於心口不能言

有數存焉於其間臣不能以諭臣之子臣之子亦不能受之於臣是以行年七十而老斲輪古之人與其不可傳者死矣然則君之所讀者古人之糟魄已夫

天運此篇欲人於運化中求真宰以立君道之準

天其運乎地其處乎日月其爭於所乎孰主張是孰綱維是孰居無事推而行是意者其有機緘而不得已邪意者其運轉而不能自止邪雲者為雨乎雨者為雲乎孰隆施是孰居無事淫樂

而勸是風起北方一西一東有上彷徨孰噓吸
是孰居無事而披拂是
以敬孝易以愛孝難以愛孝易而忘親難忘親易
使親忘我難使親忘我易兼忘天下難兼忘天
下易使天下兼忘我難夫德遺堯舜而不爲也
利澤施於萬世天下莫知也豈直太息而言仁
孝乎哉夫孝弟仁義忠信貞廉此皆自勉以役
其德者也不足多也故曰至貴國爵幷焉至富
國財幷焉至願名譽幷焉是以道不渝

北門成問於黃帝曰帝張咸池之樂於洞庭之野吾始聞之懼復聞之怠卒聞之而惑蕩蕩默默乃不自得帝曰女殆其然哉吾奏之以人徵之以天行之以禮義建之以太清夫至樂者先應之以人事順之以天理行之以五德應之以自然然後調理四時太和萬物四時迭起萬物循生一盛一衰文武倫經一清一濁陰陽調和流光其聲蟄蟲始作吾驚之以雷霆其卒無尾其始無首一死一生一僨一起所常無窮而一不

可待女故懼也
吾又奏之以陰陽之和燭之以日月之明其聲能
短能長能柔能剛變化齊一不主故常在谷滿
谷在阬滿阬塗卻守神以物爲量其聲揮綽其
名高明是故鬼神守其幽日月星辰行其紀吾
止之於有窮流之於無止子欲慮之而不能知
也望之而不能見也逐之而不能及也儻然立
於四虛之道倚於槁梧而吟目知窮乎所欲見
力屈乎所欲逐吾既不及已矣形充空虛乃至

委蛇女委蛇故怠

吾又奏之以無怠之聲調之以自然之命故若混逐叢生林樂而無形布揮而不曳幽昏而無聲動於無方居於窈冥或謂之死或謂之生或謂之實或謂之榮行流散徙不主常聲世疑之稽於聖人聖也者達於情而遂於命也天機不張而五官皆備此之謂天樂無言而心說故有焱

音標

氏爲之頌曰聽之不聞其聲視之不見其形充滿天地苞裹六極女欲聽之而無接焉故惑

也樂也者始於懼懼故崇吾又次之以怠怠故遁卒之於惑惑故愚愚故道道可載而與之俱也

老子曰然使道而可獻則人莫不獻之於其君使道而可進則人莫不進之於其親使道而可以告人則人莫不告其兄弟使道而可以與人則人莫不與其子孫

然而不可者無他也中無主而不止外無正而不行由中出者不受於外聖人不出由外入者無

主於中聖人不隱

名公器也不可多取仁義先王之蘧廬也止可一宿而不可以久處覯而多責古之至人假道於仁托宿於義以遊逍遥之墟食於苟簡之田立於不貸之圃逍遥無爲也苟簡易養也不貸無出也古者謂是采眞之遊

以富爲是者不能讓祿以顯爲是者不能讓名親權者不能與人柄操之則慄舍之則悲而一無所鑒以闚其所不休者是天之戮民也

刻意　通篇論養神之道以靜虛無爲爲宗

刻意尚行離世異俗高論怨誹爲亢而已矣此山谷之士非世之人枯槁赴淵者之所好也語仁義忠信恭儉推讓爲修而已矣此平世之士教誨之人遊居學者之所好也語大功立大名禮君臣正上下爲治而已矣此朝廷之士尊主強國之人致功幷兼者之所好也就藪澤處閒曠釣魚閒處無爲而已矣此江海之士避世之人閒暇者之所好也吹呴（音煦）呼吸吐故納新熊頸

鳥申爲壽而已矣此道引之士養形之人彭祖壽考者之所好也若夫不刻意而高無仁義而修無功名而治無江海而閒不道引而壽無不忘也無不有也澹然無極而衆美從之此天地之道聖人之德也故曰夫恬澹寂寞虛無無爲此天地之平而道德之質也故曰聖人休休焉則平易矣平易則恬澹矣平易恬澹則憂患不能入邪氣不能襲故其德全而神不虧故曰聖人之生也天行其死也物化靜而與陰同德動

而與陽同波不爲福先不爲禍始感而後應迫而後動不得已而後起去知與故循天之理故無天災無物累無人非無鬼責其生若浮其死若休不思慮不豫謀光矣而不燿信矣而不期其寢不夢其覺無憂其神純粹其魂不罷虛無恬澹乃合天德故曰悲樂者德之邪喜怒者道之過好惡者德之失故心不憂樂德之至也一而不變靜之至也無所於忤虛之至也不與物交淡之至也無所於逆粹之至也故曰形勞而

不休則敝精用而不已則勞勞則竭水之性不雜則清莫動則平鬱閉而不流亦不能清天德之象也故曰純粹而不雜靜一而不變淡而無爲動而以天行此養神之道也夫有干越之劒者柙而藏之不敢用也寶之至也精神四達竝流無所不極上際於天下蟠於地化育萬物不可爲象其名爲同帝純素之道惟神是守守而勿失與神爲一一之精通合於天倫野語有之曰衆人重利廉士重名賢士尚志聖人貴精故

素也者謂其無所與雜也純也者謂其不虧其神也能體純素謂之眞人

繕性養恬泯智反性復初存身正已以順時命是謂樂全是謂得志彼牽於俗學荒於時榮蔽蒙倒置之民耳通篇一意

繕性於俗學以求復其初滑欲於俗思以求致其明謂之蔽蒙之民古之治道者以恬養知知生而無以知爲也謂之以知養恬知與恬交相養而和理出其性

古之所謂隱士者非伏其身而弗見也非閉其言

而不出也非藏其知而不發也時命大謬也當時命而大行乎天下則反一無迹不當時命而大窮乎天下則深根寧極而待此存身之道也古之行身者不以辯飾知不以知窮天下不以知窮德危然處其所而反其性已又何為哉道固不小行德固不小識小識傷德小行傷道故曰正已而已矣樂全之謂得志

古之所謂得志者非軒冕之謂也謂其無以益其樂而已矣今之所謂得志者軒冕之謂也軒冕

在身非性命也物之儻來寄也寄之其來不可圉其去不可止故不爲軒冕肆志不爲窮約趨俗其樂彼與此同故無憂而已矣今寄去則不樂由是觀之雖樂未嘗不荒也故曰喪已於物失性於俗者謂之倒置之民

秋水 一論大通之理二論大勝之力三論達命之事四論至言之妙五論全身之高六論心知之通

秋水時至百川灌河涇流之大兩涘音俟渚涯之閒不辨牛馬於是焉河伯欣然自喜以天下之美

爲盡在已順流而東行至於北海東面而視不見水端於是焉河伯始旋其面目望洋向若而嘆曰野語有之曰聞道百以爲莫已若者我之謂也且夫我嘗聞少仲尼之聞而輕伯夷之義者始吾弗信今我睹子之難窮也吾非至於子之門則殆矣吾長見笑於大方之家

北海若曰井鼃（音蛙）不可以語於海者拘於虛也夏蟲不可以語於冰者篤於時也曲士不可以語於道者束於教也今爾出於涯涘觀於大海乃

知爾醜爾將可與語大理矣天下之水莫大於海萬川歸之不知何時止而不盈尾閭泄之不知何時已而不虛春秋不變水旱不知此其過江河之流不可爲量數而吾未嘗以此自多者自以比形於天地而受氣於陰陽吾在於天地之間猶小石小木之在太山也方存乎見少又奚以自多

計四海之在天地之間也不似礨（音壘）空之在大澤乎計中國之在海內不似稊米之在太倉乎號

物之數謂之萬人處一焉今卒九州穀食之所生舟車之所通人處一焉此其比萬物也不似豪末之在於馬體乎五帝之所連三王之所爭仁人之所憂任士之所勞盡此矣伯夷辭之以爲名仲尼語之以爲慱此其自多也不似爾向之自多於水乎

河伯曰然則吾大天地而小豪末可乎北海若曰否夫物量無窮時無止分無常終始無故是故大知觀於遠近故小而不寡大而不多知量無

窮證曏（音向）今故故遥而不悶掇而不跂（音其）知時無止察乎盈虛故得而不喜失而不憂知分之無常也明乎坦途故生而不悅死而不禍知終始之不可故也計人之所知不若其所不知其生之時不若未生之時以其至小求窮其至大之域是故迷亂而不能自得也由此觀之又何以知豪末之足以定至細之倪又何以知天地之足以窮至大之域

河伯曰世之議者皆曰至精無形至大不可圍是

信情乎北海若曰夫自細視大者不盡自大視細者不明夫精小之微也垺大之殷也故異便此勢之有也夫精粗者期於有形者也無形者數之所不能分也不可圍者數之所不能窮也可以言論者物之粗也可以意致者物之精也言之所不能論意之所不能察致者不期精粗焉

是故大人之行不出乎害人不多仁恩動不爲利不賤門隸貨財弗爭不多辭讓事焉不借人不

多食乎力不賤貪汙行殊乎俗不多辟異爲在從衆不賤佞諂世之爵祿不足以爲勸戮恥不足以爲辱知是非之不可爲分細大之不可爲倪聞曰道人不聞至德不得大人無已約分之至也

河伯曰若物之外若物之內惡至而倪貴賤惡至而倪小大北海若曰以道觀之物無貴賤以物觀之自貴而相賤以俗觀之貴賤不在已以差觀之因其所大而大之則萬物莫不大因其所

小而小之則萬物莫不小知天地之爲稊米也知豪末之爲丘山也則差數覩矣以功觀之因其所有而有之則萬物莫不有因其所無而無之則萬物莫不無知東西之相反而不可以相無則功分定矣以趣觀之因其所然而然之則萬物莫不然因其所非而非之則萬物莫不非知堯桀之自然而相非則趣操覩矣

昔者堯舜讓而帝之噲讓而絕湯武爭而王白公爭而滅由此觀之爭讓之禮堯桀之行貴賤有

時未可以爲常也梁麗可以衝城而不可以窒
穴言殊器也騏驥驊騮一日而馳千里捕鼠不
如狸狌言殊技也鴟鵂（音休）夜撮蚤察毫末晝出
瞋（音嗔）目而不見丘山言殊性也故曰蓋師是而
無非師治而無亂乎是未明天地之理萬物之
情者也是猶師天而無地師陰而無陽其不可
行明矣然且語而不舍非愚則誣也帝王殊禪
三代殊繼差其時逆其俗者謂之簒夫當其時
順其俗者謂之義之徒默默乎河伯汝惡知貴

賤之門小大之家

河伯曰然則我何爲乎何不爲乎吾辭受趣舍吾終柰何北海若曰以道觀之何貴何賤是謂反衍無拘而志與道大蹇何少何多是謂謝施無一而行與道參差嚴乎若國之有君其無私德繇繇乎若祭之有社其無私福汎汎乎其若四方之無窮其無所畛域兼懷萬物其孰承翼是謂無方萬物一齊孰短孰長道無終始物有死生不恃其成一虛一滿不位乎其形年不可舉

時不可止消息盈虛終則有始是所以語大義之方論萬物之理也物之生也若驟若馳無動而不變無時而不移何爲乎何不爲乎夫固将自化

河伯曰然則何貴於道耶北海若曰知道者必達於理達於理者必明於權明於權者不以物害巳至德者火弗能熱水弗能溺寒暑弗能害禽獸弗能賊非謂其薄之也言察乎安危寧於禍福謹於去就莫之能害也故曰天在內人在外

德在乎天知天人之行本乎天位乎得蹢（音的）躅
（音濁）而屈伸反要而語極
曰何謂天何謂人北海若曰牛馬四足是謂天落
馬首穿牛鼻是謂人故曰無以人滅天無以故
滅命無以得殉名謹守而勿失是謂反其眞
夔憐蚿（音賢）蚿憐蛇蛇憐風風憐目目憐心夔謂蚿
曰吾以一足趻（音踸）踔（音卓）而行予無如矣今子之
使萬足獨奈何蚿曰不然子不見夫唾者乎噴
則大者如珠小者如霧雜而下者不可勝數也

今予動吾天機而不知其所以然蚿謂蛇曰吾以衆足行而不及子之無足何也蛇曰夫天機之所動何可易耶吾安用足哉蛇謂風曰予動吾脊脅而行則有似也今子蓬蓬然起於北海蓬蓬然入於南海而似無有何也風曰然予蓬蓬然起於北海蓬蓬然而入於南海也然而指我則勝我䠓音秋我亦勝我我雖然夫折大木蜚大屋者唯我能也故以衆小不勝爲大勝也爲大勝者唯聖人能之孔子遊於匡宋人圍之數匝

而弦歌不輟子路入見曰何夫子之娛也孔子曰來吾語汝我諱窮久矣而不免命也求通久矣而不得時也當堯舜而天下無窮人非知得也當桀紂而天下無通人非知失也時勢適然夫水行不避蛟龍者漁父之勇也陸行不避兕虎者獵夫之勇也白刃交於前視死若生者烈士之勇也知窮之有命知通之有時臨大難而不懼者聖人之勇也由處矣吾命有所制矣無幾何將甲者進辭曰以爲陽虎也故圍之今非

也請辭而退
公孫龍問於魏牟曰龍少學先王之道長而明仁
義之行合同異離堅白然不然可不可困百家
之知窮衆口之辯吾自以爲至達已今吾聞莊
子之言汒(音忙)焉異之不知論之不及與知之弗
若與今吾無所開吾喙(音惠)敢問其方公子牟隱
几太息仰天而笑曰子獨不聞夫埳(音坎)井之鼃
乎謂東海之鼈曰吾樂與吾跳梁乎井幹之上
入休乎缺甃(音揪)之崖赴水則接腋持頤蹶泥則

沒足滅跗音付還虷蟹與科斗莫吾能若也且夫擅一壑之水而跨跱埳井之樂此亦至矣夫子奚不時來入觀乎東海之鼈左足未入而右膝已縶矣於是逡巡而却告之海曰夫千里之遠不足以舉其大千仞之高不足以極其深禹之時十年九潦而水弗爲加益湯之時八年七旱而崖不爲加損夫不爲頃久推移不以多少進退者此亦東海之大樂也於是埳井之鼃聞之適適然驚規規然自失也且夫知不知是非之

境而猶欲觀於莊子之言是猶使蚉負山商蚷音巨馳河也必不勝任矣且夫知不知論極妙之言而自適一時之利者是非埳井之鼃與且彼方跐音此黃泉而登大皇無南無北奭然四解淪於不測無東無西始於玄冥反於大通子乃規規然而求之以察索之以辯是直用管闚天用錐指地也不亦小乎子往矣且子獨不聞夫壽陵餘子之學行於邯鄲與未得國能又失其故行矣直匍匐而歸耳今子不去將忘子之故失

子之業公孫龍口呿（音袪）而不合舌舉而不下乃
逸而走

莊子釣於濮水楚王使大夫二人往見焉曰願以
境内累矣莊子持竿不顧曰吾聞楚有神龜死
已三千歲矣王巾笥而藏之廟堂之上此龜者
寧其死爲留骨而貴乎寧其生而曳尾於塗中
乎二大夫曰寧生而曳尾於塗中莊子曰往矣
吾將曳尾於塗中

惠子相梁莊子往見之或謂惠子曰莊子來欲代

子相於是惠子恐搜於國中三日三夜莊子往見之曰南方有鳥其名鵷鶵子知之乎夫鵷鶵發於南海而飛於北海非梧桐不止非練實不食非醴泉不飲於是鴟得腐鼠鵷鶵過之仰而視之曰嚇今子欲以子之梁國而嚇我耶

莊子與惠子遊於濠梁之上莊子曰儵音条魚出遊從容是魚樂也惠子曰子非魚安知魚之樂莊子曰子非我安知我不知魚之樂惠子曰我非子固不知子矣子固非魚也子之不知魚之樂

全矣莊子曰請循其本子曰汝安知魚樂云者既已知吾知之而問我我知之濠上也

田子方全德之人體道無累先定其神忘得失達存亡至矣

老聃曰吾遊心於物之初孔子曰何謂邪曰心困焉而不能知口辟焉而不能言嘗爲汝議乎其將至陰肅肅至陽赫赫肅肅出乎天赫赫發乎地兩者交通成和而物生焉或爲之紀而莫見其形消息滿虛一晦一明日改月化日有所爲而莫見其功生有所乎萌死有所乎歸始終相

反乎無端而莫知乎其所窮非是也且孰爲之宗孔子曰請問遊是老聃曰夫得是至美至樂也得至美而遊乎至樂謂之至人孔子曰願聞其方曰草食之獸不疾易藪水生之蟲不疾易淵行小變而不失其大常也喜怒哀樂不入於胸次夫天下也者萬物之所一也得其所一而同焉則四支百體將爲塵垢而死生終始將爲晝夜而莫之能滑而況得喪禍福之所介乎棄隸者若棄泥塗知身貴於隸也貴在於我而不

失於變且萬化而未始有極也夫孰足以患心
已爲道者解乎此

知北遊 通篇以無知無爲無脩立論

天地有大美而不言四時有明法而不議萬物有
成理而不說聖人者原天地之美而達萬物之
理是故至人無爲大聖不作觀於天地之謂也
今彼神明至精與彼百化物已死生方圓莫知
其根也扁然而萬物自古以固存

齧缺問道乎被衣被衣曰若正汝形一汝視天和

將至攝汝知一汝度神將來舍德將爲汝美道將爲汝居汝瞳焉如新生之犢而無求其故言未卒齧缺睡寐被衣大說行歌而去之曰形若槁骸心若死灰眞其實知不以故自持媒媒晦晦無心而不可與謀彼何人哉

舜問乎丞曰道可得而有乎曰汝身非汝有也汝何得有夫道舜曰吾身非吾有也孰有之哉曰是天地之委形也生非汝有是天地之委和也性命非汝有是天地之委順也孫子非汝有是

天地之委蛻也故行不知所往處不知所持食
不知所味天地之彊陽氣也又胡可得而有耶
人生天地之間若白駒之過郤忽然而已注然勃
然莫不出焉油然漻音流然莫不入焉已化而生
又化而死生物哀之人類悲之解其天弢音叨墮
其天袠紛乎宛乎魂魄將往乃身從之乃大歸
乎不形之形形之不形是人之所同知也非將
至之所務也此衆人之所同論也彼至則不論
論則不至明見無値辯不若默道不可聞聞不

若塞此之謂大得

顏淵問乎仲尼曰回嘗聞諸夫子曰無有所將無有所迎回敢問其遊仲尼曰古之人外化而內不化今之人內化而外不化與物化者一不化者也安化安不化安與之相靡必與之莫多狶（音希）韋氏之囿黃帝之圃有虞氏之宮湯武之室君子之人若儒墨者師故以是非相韲（音齎）也而況今之人乎聖人處物不傷物不傷物者物亦不能傷也唯無所傷者為能與人相將迎山林

與皐壤與使我欣欣然而樂與樂未畢也哀又繼之哀樂之來吾不能禦其去弗能止悲夫世人直爲物逆旅耳夫知遇而不知所不遇知能能而不能所不能無知無能者固人之所不免也夫務免乎人之所不免者豈不亦悲哉至言去言至爲去爲齊知之所知則淺矣

庚桑楚

庚桑子曰吾聞至人尸居環堵之室而百姓猖狂不知所如往今以畏壘之細民而竊竊焉欲俎

豆予於賢人之閒我其杓（音的）之人耶
弟子曰不然夫尋常之溝巨魚無所還其體而鯢鰌為之制步仞之丘陵巨獸無所隱其軀而蘖狐為之祥且夫尊賢授能先善與利自古堯舜以然而況畏壘之民乎夫子亦聽矣庚桑子曰小子來夫函車之獸介而離山則不免于罔罟之患吞舟之魚碭（音蕩）而失水則螘能苦之故鳥獸不厭高魚鼈不厭深夫全其形生之人藏其身也不厭深眇而已矣且夫二子者又何足以

稱揚哉是其於辯也將妄鑿垣牆而殖蓬蒿也
簡髮而櫛數米而炊竊竊乎又何足以濟世哉
庚桑子曰全汝形抱汝生無使汝思慮營營若此
三年則可以及此言也南榮趎音儔曰目之與形
吾不知其異也而盲者不能自見耳之與形吾
不知其異也而聾者不能自聞心之與形吾不
知其異也而狂者不能自得形之與形亦辟矣
而物或間之邪欲相求而不能相得今謂趎曰
全汝形抱汝生勿使汝思慮營營趎勉聞道達

耳矣庚桑子曰辭盡矣曰奔蜂不能化藿蠋音蜀越雞不能伏鵠卵魯雞固能矣雞之與雞其德非不同也有能與不能者其才固有巨小也今吾才小不足以化子子胡不南見老子

老子曰汝自灑濯孰哉鬱鬱乎然而其中津津乎猶有惡也夫外韄音獲者不可繁而捉將內揵音蹇內韄者不可繆而捉將外揵外內韄者道德不能持而況放道而行者乎此老子對南榮趎以下俱是

宇泰定者發乎天光發乎天光者人見其人人有

修者乃今有恒有恒者人舍之天助之人之所舍謂之天民天之所助謂之天子

故敬之而不喜侮之而不怒者唯同乎天和者爲然出怒不怒則怒出於不怒矣出爲無爲則爲出於無爲矣欲静則平氣欲神則順心有爲也欲當則緣於不得已不得已之類聖人之道

徐無鬼此篇論忘形去累黜巧忘言而示以辯惑之門

夫爲天下者亦奚以異乎牧馬者哉亦去其害馬者而已矣黃帝再拜稽首稱天師而退

知士無思慮之變則不樂辯士無談說之序則不樂察士無淩誶音啐之事則不樂皆囿於物者也招世之士興朝中民之士榮官筋力之士矜難勇敢之士奮患兵革之士樂戰枯槁之士宿名法律之士廣治禮敎之士敬容仁義之士貴際農夫無草萊之事則不比商賈無市井之事則不比庶人有旦暮之業則勸百工有器械之巧則壯錢財不積則貪者憂權勢不尤則夸者悲勢物之徒樂變遭時有所用不能無爲也此皆

順比於歲不物於易者也馳其形性潛之萬物終身不及悲夫此徐無鬼對魏武侯設為小童荅黄帝之問

南伯子綦隱几而坐仰天而噓顏成子入見曰夫子物之尤也形固可使若槁骸心固可使若死灰乎曰吾嘗居山穴之中矣當是時也田禾一覩我而齊國之衆三賀之我必先之彼故知之我必賣之彼故鬻之若我而不有之彼惡得而知之若我而不賣之彼惡得而鬻之嗟乎我悲人之自喪者吾又悲夫悲人者吾又悲夫悲人

之悲者其後而日遠矣

則陽

古之君人者以得爲在民以失爲在巳以正爲在民以枉爲在巳故一形有失其形者退而自責令則不然匿爲物而愚不識大爲難而罪不敢重爲任而罰不勝遠其塗而誅不至民知力竭則以僞繼之日出多僞士民安取不僞夫力不足則僞知不足則欺財不足則盜盜竊之行於誰責而可乎 此栢矩之言

少知閭於太公調曰何謂丘里之言太公調曰丘
里者合十姓百名而以爲風俗也合異以爲同
散同以爲異今指馬之百體而不得馬而馬係
於前者立其百體而謂之馬也是故丘山積卑
而爲高江河合水而爲大大人合并而爲公是
以自外入者有主而不執由中出者有正而不
距四時殊氣天不賜故歲成五官殊職君不私
故國治文武大人不賜故德備萬物殊理道不
私故無名無名故無爲無爲而無不爲時有終

始世有變化禍福淳淳至有所拂者而有所宜
自殉殊面有所正者有所差比于大澤百材皆
度觀乎大山木石同壇此之謂丘里之言

外物徇外則伐生損道有釣利者有盜儒者去矜泯智毋爲高行貴在得意忘言也

老萊子之弟子出薪遇仲尼反以告曰有人於彼
脩上而趨下末僂而後耳視若營四海不知其
誰氏子老萊子曰是丘也召而來仲尼至曰丘
去汝躬矜與汝容知斯爲君子矣仲尼揖而退
蹙然改容而問曰業可得進乎老萊子曰夫不

忍一世之傷而鷔音傲萬世之患抑固宴邪亡其略有弗及邪惠以歡爲鷔終身之醜中民之行進焉耳相引以名相結以隱與其譽堯而非桀不如兩忘而閉其所譽反無非傷也動無非邪也聖人躊躇以興事以每成功奈何哉其載焉終矜爾

宋元君問漁者余且曰漁何得對曰且之網得白龜焉其圓五尺君曰獻若之龜龜至君再欲殺之再欲活之心疑卜之曰殺龜以卜吉乃刳龜

七十二鑽而無遺筴仲尼曰神龜能見夢於元君而不能避余且之網知能七十二鑽而無遺筴不能避刳腸之患如是則知有所困神有所不及也

雖有至知萬人謀之魚不畏網而畏鵜（音提）鶘（音胡）去小知而大知明去善而自善矣

靜然可以補病眥（音貲）搣（音滅）可以休老寧可以止遽雖然若是勞者之務也非佚者之所未嘗過而問焉

聖人之所以駴音戒天下神人未嘗過而問焉賢人所以駴世聖人未嘗過而問焉君子所以駴國賢人未嘗過而問焉小人所以合時君子未嘗過而問焉

筌者所以在魚得魚而忘筌蹄者所以在兎得兎而忘蹄言者所以在意得意而忘言吾安得夫忘言之人而與之言哉

盜跖此篇皆言不矯行傷生以求聲名富貴有激之談也

丘之所以說我者若告我以鬼事則我不能知也若告我以人事者不過此矣皆吾所聞知也今

吾告子以人之情目欲視色耳欲聽聲口欲察味志氣欲盈人上壽百歲中壽八十下壽六十除病瘦死喪憂患其中開口而笑者一月之中不過四五日而已矣天與地無窮人死者有時操有時之具而託於無窮之間忽然無異騏驥之馳過隙也不能說其志意養其壽命者皆非通道者也丘之所言皆吾之所棄也亟去走歸無復言之子之道狂狂汲汲詐巧虛僞事也非可以全真也奚足論哉 此設爲盜跖對孔子

且子正爲名我正爲利名利之實不順於理不監於道吾且與子訟於無約曰小人殉財君子殉名其所以變其情易其性則異矣乃至於棄其所爲而殉其所不爲則一也故曰無爲小人反殉而天無爲君子從天之理若枉若直相爲天極面觀四方與時消息若是若非執而圓機獨成而意與道徘徊無轉而行無成而義將失而所爲無赴而富無殉而成將棄而天比干剖心子胥抉眼忠之禍也直躬證父尾生溺死信之

患也鮑子立乾申子不自理廉之害也孔子不見母匡子不見父義之失也此上世之所傳下世之所語以爲士者正其言必其行故服其殃離其患也此談爲子張對滿苟得

知和曰平爲福有餘爲害者物莫不然而財其甚者也今富人耳營鐘鼓管籥之聲口嗛音謙於芻豢醪醴之味以感其意遺忘其業可謂亂矣侅音礙溺於馮氣若負重行而上也可謂苦矣貪財而取慰貪權而取竭靜居則溺體澤則馮可謂

疾矣爲欲富就利故滿若堵耳而不知避且馮而不舍可謂辱矣財積而無用服膺而不舍滿心戚醮求益而不止可謂憂矣內則疑刦（音劫）請之賊外則畏寇盜之害內周樓疏外不敢獨行可謂畏矣此六者天下之至害也皆遺忘而不知察及其患至求盡性竭財單以反一日之無故而不可得也故觀之名則不見求之利則不得繚（音寮）意絕體而爭此不亦惑乎

說劒 舉大明小諷諫之例

莊子曰夫爲劒者示之以虛開之以利後之以發
先之以至願得試之
然臣有三劒唯王所用請先言而後試王曰願聞
三劒曰有天子劒有諸侯劒有庶人劒王曰天
子之劒何如曰天子之劒以燕谿石城爲鋒齊
岱爲鍔晉魏爲脊周宋爲鐔音覃韓魏爲鋏包以
四夷裹以四時繞以渤海帶以常山制以五行
論以刑德開以陰陽持以春夏行以秋冬此劒
直之無前舉之無上案之無下運之無旁上決

浮雲下絕地紀此劍一用匡諸侯天下服矣此天子之劍也文王芒然自失曰諸侯之劍何如曰諸侯之劍以知勇士爲鋒以清廉士爲鍔以賢良士爲脊以忠聖士爲鐔以豪傑士爲鋏此劍直之亦無前舉之亦無上案之亦無下運之亦無旁上法圓天以順三光下法方地以順四時中和民意以安四鄉此劍一用如雷霆之震也四封之內無不賓服而聽從君命者矣此諸侯之劍也王曰庶人之劍何如曰庶人之劍蓬

頭突鬢垂冠曼胡之纓短後之衣瞋目而語難相擊於前上斬頸領下決肝肺此庶人之劍無異於鬪雞一旦命已絶矣無所用於國事今大王有天子之位而好庶人之劍臣竊爲大王薄之

漁父大意言不宜分外求世惟守其真而道存矣

客曰孔氏者何治也子貢對曰孔氏者性服忠信身行仁義飾禮樂選人倫上以忠於世主下以化於齊民將以利天下此孔氏之所治也又問

曰有土之君與子貢曰非也侯王之位與子貢

曰非也客乃笑而還行言曰仁則仁矣恐不免

其身苦心勞形以危其真嗚呼遠哉其分於道

也

客曰同類相從同聲相應固天之理也吾請釋吾

之所有而經子之所以子之所以者人事也天

子諸侯大夫庶人此四者自正治之美也四者

離位而亂莫大焉官治其職人憂其事乃無所

陵故田荒室露衣食不足徵賦不屬妻妾不和

長少無序庶人之憂也能不勝任官事不治行不清白羣下荒怠功美不有爵禄不持大夫之憂也廷無忠臣國家昏亂工技不巧貢職不羡春秋後倫不順天子諸侯之憂也陰陽不和寒暑不時以傷庶物諸侯暴亂擅相攘伐以殘民人禮樂不節財用窮匱人倫不飭百姓滛亂天子有司之憂也今子既上無君侯有司之勢而下無大臣職事之官而擅飭禮樂選人倫以化齊民不泰多事乎

且人有八疵事有四患不可不察也非其事而事之謂之總莫之顧而進之謂之佞希意道言謂之諂不擇是非而言謂之諛好言人之惡謂之讒析交離親謂之賊稱譽詐僞以敗惡人謂之慝不擇善否兩容頰適偷拔其所欲謂之險此八疵者外以亂人内以亂身君子不友明君不臣

所謂四患者好經大事變更易常以挂功名謂之叨專知擅事侵人自用謂之貪見過不更聞諫

愈甚謂之很人同於已則可不同於已雖善不善謂之矜此四患也能去八疵無行四患而始可教已

人有畏影惡迹而去之走者舉足愈數而迹愈多走愈疾而影不離身自以爲尚遲疾走不休絶力而死不知處陰以休影處靜以息迹愚亦甚矣子審仁義之間察同異之際觀動靜之變適受與之度理好惡之情和喜怒之節而幾於不免矣謹修而身愼守其真還以物與人則無所

累矣今不修之身而求之人不亦外乎

孔子愀然曰請問何謂真客曰真者精誠之至也不精不誠不能動人故强哭者雖悲不哀强怒者雖嚴不威强親者雖笑不和真悲無聲而哀真怒未發而威真親未笑而和真在内者神動於外是所以貴真也其用於人理也事親則慈孝事君則忠貞飲酒則懽樂處喪則悲哀忠貞以功爲主飲酒以樂爲主處喪以哀爲主事親以適爲主功成之美無一其迹矣事親以適不

論所以矣飲酒以樂不選其具矣處喪以哀無問其禮矣禮者世俗之所爲也眞者所以受於天也自然不可易也故聖人法天貴眞不拘於俗愚者反此不能法天而恤於人不知貴眞祿祿而受變於俗故不足惜哉子之早湛於人僞而晚聞大道也

列御寇　去矜能莫分辨忘言息巧消爭泯智至人無爲之道也

聖人安其所安不安其所不安衆人安其所不安不安其所安莊子曰知道易勿言難知而不言

所以之天也知而言之所以之人也古之人天而不人

孔子曰凡人心險於山川難於知天天猶有春秋冬夏旦暮之期人者厚貌深情故有貌愿而益有長若不肖有順懁音儇而達有堅而縵音曼有緩而釬音汗故其就義若渴者其去義若熱故君子遠使之而觀其忠近使之而觀其敬煩使之而觀其能卒然問焉而觀其知急與之期而觀其信委之以財而觀其仁告之以危而觀其節醉

之以酒而觀其則雜之以處而觀其色九徵至

不肖人得矣

天下　先叙道術根原後列諸子而莊生自爲一家未闢惠子

天下之治方術者多矣皆以其有爲不可加矣古

之所謂道術者果惡乎在曰無乎不在曰神何

由降明何由出聖有所生王有所成皆原於一

不離於宗謂之天人不離於精謂之神人不離

於直謂之至人以天爲宗以德爲本以道爲門

兆於變化謂之聖人以仁爲恩以義爲理以禮

爲行以樂爲和薰然慈仁謂之君子以法爲分以名爲表以參爲驗以稽爲決其數一二三四是也百官以此相齒以事爲常以衣食爲主蕃息蓄藏老弱孤寡爲意皆有以養民之理也古之人其備乎配神明醇天地育萬物和天下澤及百姓明於本數係於末度六通四闢小大精粗其運無乎不在其明而在歷數者舊法世傳之史尚多有之其在於詩書禮樂者鄒魯之士縉紳先生多能明之詩以道志書以道事禮以

道行樂以道和易以道陰陽春秋以道名分其數散於天下而設於中國者百家之學時或稱而道之天下大亂賢聖不明道德不一天下多得一察焉以自好譬如耳目鼻口皆有所明不能相通猶百家衆技也皆有所長時有所用雖然不該不徧一曲之士也判天地之美析萬物之理察古人之全寡能備於天地之美稱神明之容是故内聖外王之道闇而不明鬱而不發天下之人各爲其所欲爲以自爲方悲夫百家

往而不反必不合矣後世之學者不幸不見天地之純古人之大體道術將爲天下裂

不侈於後世不靡於萬物不暉於度數以繩墨自矯而備世之急古之道術有在於是者墨翟禽滑釐聞其風而說之

不累於俗不飾於物不苟於人不忮於衆願天下之安寧以活民命人我之養畢足而止以此白心古之道術有在於是者宋鈃（音堅）尹文聞其風而悅之

與芒乎何之忽乎何適萬物畢羅莫足以歸古之道術有在於是者莊周聞其風而悅之以謬悠之說荒唐之言無端崖之辭時恣縱而不儻不以觭音豈見之也以天下爲沉濁不可與莊語以卮言爲曼衍以重言爲真以寓言爲廣獨與天地精神往來而不敖倪於萬物不譴是非以與世俗處其書雖瓌瑋而連犿音忭無傷也其辭雖參差而諔詭可觀彼其充實不可以已上與造物者遊而下與外死生無終始者爲友其於

本也弘大而闢深閎而肆其於宗也可爲調適而上遂矣雖然其應於化而解於物也其理不竭其來不蛻芒乎昧乎未之盡者

惠施多方其書五車其道舛駁其言也不中惠施以反人爲實而欲以勝人爲名是以與衆不適也

弱於德強於物其塗隩矣由天地之道觀惠施之能其猶一蚉一虻之勞者也其於物也何庸夫充一尚可曰愈貴道幾矣惠施不能以此自寧

散於萬物而不厭卒以善辯爲名惜乎惠施之才駘蕩而不得逐萬物而不反是窮響以聲形與影競走也悲夫

古菁華卷三十四終

書滙古菁華後

孺子總丱受書讀學海叢珠雅知虞丘張公私心竊鄉往焉已而領鄉書偕計遊都門謁諸薦紳每談文學邉材輙嘖嘖張公張公不置私心益津津頷爲執鞭顧曠然逢

踪不相及無繇識荆也歲戊子公
呂大理副承
命主試中土鋭意釐正所錄士悉古
雅不羣一時得人爲盛兩河士蒸
蒸丕變孺子里人時且得挹甄陶
藉呂自淵者久之洎孺子釋褐承

乏山陽而公又以駕部郎傳檄牂
牁方謂脫屣無期居無何公以旌
伐衡臬
俞守淮潯遂初頟蓋天[illegible]已已乃手
一編見示回此往事川貴時弁同
年友劉君所集也咸以五月攜自

萬里余二人苦心具載孺子拜手受之一再縱覽則見六經擷其要左國擷其華秦漢而下名賢詰士宏詞崇論罔不廣覽而重摘之固裒然巨帙巋然靈光也語有之博文資貧貫一拯乏是集備矣博士

家朝而夕之亦可以弗畔矣夫曰
與諸君壽梓用垂不朽夫二公謨
謀佐
廊廟威靈震邉徼道化漸羣黎著述
詒後世功豈細哉孔門稱多才而
文學政事分為兩科二公兼之孺

子不敏於校閲無能爲役幸邑鳳
緣獲奉奔走借跋俚言附之簡末
志良遘云

萬曆丙申歲秋八月吉
賜進士第文林郎知山陽事屬下吏
洛陽何際可頓首拜書

跋滙古菁華後

滙古菁華一書乃我

太宗師觀察張公暨

縉雲劉公手輯以訓迪諸博士者掇經彚史經羅百家集羣搯[illegible]精英漱千古之芳潤樹的先資端型後進甚盛心也蒭呰窾叨校讐之命曰獲竊窺

涯涘選主實理品參谹議法訓挽醇
懿章崇雅大顯西山先生正宗彀率
領首聖經而及周書孔語詳史傳而
逮函谷漆園尤正宗所未備者滙博
擷精培元翼正古今若合符節博士
家人藏一編奚啻寶玉大弓哉
山陽何公敦敘作人敷文是重鳩役

繕寫被之剞劂不日告成洵稱盛美

募也幸厠執筆校什亦罔敢不勉副

第慮金根式謬轉叶傳訛黙汙蒼頡

貽菁華顯譽曷可逭耶

萬曆丙申歲秋中吉淮陰治下門生

潘蔓頓首百拜謹書